1279

# 争わない社会

## ――「開かれた依存関係」をつくる

sato jin
佐藤 仁

NHK出版

# はじめに

紛争のニュースが絶えない昨今の現状からは信じられないことかもしれない。専門家によれば、人類史の長いスケールで見ると、「国家の時代」の戦争による年間死亡率は、狩猟採集が生業だった「国家のなかった時代」のそれに比べて大幅に減少しているのだという。その理由の一つと考えられるのが、経済の発展に伴って、人々が限られた資源を奪い合う貧しさゆえの争いから解放され、略奪よりも生産にエネルギーを向けられるようになったことである。生きるための資源の奪い合いは、現在もないわけではない。だが、絶対的な貧困が大きく軽減している地域では、かつてのような貧しさの中の争いとは異なる「豊かさの中の争い」が生じている。

この「豊かさ」をもたらしたのは、市場経済の拡大と、そこに参加する人々の間で展開される自由競争である。人々は今やグローバル化した経済という舞台で、何か一役担うことを期待される存在になった。経済規模を拡大しようとすれば、中央からの指示がなくても、自分のことは自分でできる「自立した個人」があちらこちらに育つ必要がある。現代の資本主義社会では、そうした諸個人を市場経済で互いに競争させることが、社会全体にとっての利益になるという考え方が主流だ。

自立と競争に基づく経済発展と社会のあり方は、富の拡大という輝かしい成果を伴う反面、深刻な気候変動や経済格差をもたらしてきた。ならば、現代世界を脅《おびや》かしているこれらの課題を、「個人の選択」と競争原理で解決していくことはできるのだろうか。人種や民族などのアイデンティティに基づくヘイト、覇権競争や領土の奪い合いなどは、それまで生産活動へと逸《そ》らされていた人間のエネルギーを再び争いへと向かわせている。民族や資源エネルギーをめぐる紛争、領土をめぐる対立など地球規模の争いが生じる頻度は、「豊かさ」の中でさらに高まっているのではないだろうか。

そこで私が目をつけたのが、自立や競争というスローガンの陰で嫌われてきた「依存《いぞん》」という概念である。依存は他者とのかかわり方を表す表現の一つである。「自分のことは自分でやる」という自立の規範に長くさらされてきた私たちは、他者とのかかわり方を忘れてしまった結果として、孤独や不安にさいなまれているのではないか。弱った人が他者にすがろうにも、その受け皿さえない。現代社会の問題の多くは、個人の選択というよりは、特定の選択肢をつくり出している国家や企業のあり方、そして、そうした諸集団にうまく依存する方法を忘れた私たちが自ら生み出してしまっている側面があるのではないだろうか。

私が「依存」という概念に興味を引かれたのは、もう三十年も前の大学院生の頃であった。一九九〇年代は、ちょうど地球環境問題に注目が集まり始めた頃であり、熱帯地域から木材を大量輸入していた日本は、環境団体などから集中砲火を浴びていた。そんな中で「現場はどうなっているのか」という点に関心をもった私は、東南アジアのタイに赴き、森林破壊の根本原因を自分なりに考えてみることにした。具体的には、「貧しい」とされる奥地の森に暮らす村人が、森林資源にどれくらい依存して生活を成り立たせているのか、そしてその依存状況と熱帯林減少の関係を明らかにしてみたいと考えた。

当時、貧困と森林保全の関係に対する専門家らの主張は、やや単純化すれば次の通りであった。「貧しい人々は森林に頼らなくてはいけないので、違法と知りながら開墾や伐採などの破壊的な行為に走ってしまう。だから、この村人たちが森林に依存しなくて済むように、彼らを自立させなくてはならない」。海外の援助機関はこの主張に沿って、換金作物の栽培や手工芸品の製作などを彼らに教え込み、森に暮らす人々に、森に頼らない生計手段を与えようとした。

その結果、人々の暮らしはどうなったか。森林から直接的に薪《たきぎ》や生活資源を取り出す頻度は減ったが、同時に集落の仲間を頼りにする機会も減った。その代わり、現金所得と、市場から商品を買い付けにくる仲買人への依存を深めた。収穫期に労働を貸し借りする習慣は後退し、代わりに賃金労働で人を雇うことが一般化した。大局的に見ると、かつて森に依存していた人々は、その依存先を貨幣や市場に変えただけのことなのである。こうした変化をもって、人々が「自立した」と言えるのだろうか。これが私の問題意識だった。

視野をもう少し広げてみよう。森に依存していたのは現場の村人たちだけではない。政府や企業も、それぞれの方法で森林に依存している。森林面積を国土の四割に増やすことを国家目標に掲げていた政府は、生物多様性の保護という建前に観光資源の確保という本音を含ませながら、各地に国立公園などを拡張しては森に暮らす地域住民の排除を試みた。度重なる森林火災や洪水によって国民の森林保護への意識も大きく高まっていた中で、企業は木材資源やリゾートやダム開発地の確保をもくろみ、農民は新たな農地をもとめて「国有地」への侵食を繰り返した。

　問題は、「それぞれの依存」が、各々で閉じてしまっているために、利害関係者の間の開かれた交渉や妥協がほとんど見られないことであった。閉じた依存関係は往々にして暴力的な争いに発展してしまったのである。森に最も近接して暮らしていた村人たちは森に依存し続けることを許されず、森に入ろうものなら「盗伐」の謗《そし》りを受けた。その一方で政府の森林局は「環境保護」をスローガンに各地の森林を次々と囲い込んでいく。地方では土地の利用権をめぐる当局と地域住民の暴力的な争いが頻発し、森林保護は全国的な紛争の焦点に発展した。様々なアクターがそれぞれの自立を目指した結果、土地や森林をめぐる争いは現在も各地でくすぶっている。

「依存」は、相手が自然であれ、人間であれ、自分とは異なる相手と関係性をもとうとするからこそ成り立つ。世界が、自分中心、自国中心であって当然であるような風潮に包まれている昨今、周りに頼る作法を根本から考え直すことは、争わない社会をつくっていく上できっと何らかの手がかりになるに違いない。

　ある種の依存を脱して「自立した」と思っている人は、実は依存先を置き換えているだけかもしれない。にもかかわらず、私たちはそれを無批判に「発展」と呼んできたのではないだろうか。

タイで見た依存関係の展開を、より大きなパターンの一例として捉え直してみると、争わない社会へのヒントが見えてくる。

本書は、互いに無関係に見える「依存」の意味を、一貫したつらなりとしてたぐり寄せ、争わない社会の骨格に組み直していく試みである。

# 図版出典一覧

図 1-1　筆者作成

写真 3-1　群馬県立文書館提供

写真 3-2　（右）賠償問題研究会（1963）

同　（左）古曳宣子氏提供

写真 3-3　海外建設協会編（1970）

図 4-1　SPL／PPS 通信社提供

図 5-1・5-2　筆者作成

写真 5-1・5-2　川島浩撮影　東京農工大学提供

表 6-1　各種資料から筆者作成

写真 6-1～6-3　Alamy／PPS 通信社提供

写真 6-4　筆者撮影

図 7-1　Kenrick（2010）

図 7-2　島田（1976）

写真 7-1　毎日新聞社提供

図 8-1　筆者作成

図 8-2　厚生労働省「労働争議統計」

図 9-1　筆者作成

目次

校　閲　髙松完子
ＤＴＰ　㈲緑舎

引用の出典は（著作者名 参照した版の刊行年）で示し、ページ数を特定する場合は刊行年のあとに記して、巻末の引用・参考文献欄に、初出の年を［ ］で補うなどして詳細な書誌情報を掲載した。

引用内の（ ）は特に断らない限り引用者による補足、傍点は引用者による強調、……は省略を示す。

エピグラフの出典は次の通り。

第一章 『漱石文明論集』岩波文庫、一九八六年、二三頁

第二章 『中国文明論集』岩波書店、一九九五年、二六―二七頁

第三章 *Development Organizations and Programs*, vol. 5, 1968, p. 1. 引用者訳

第四章 Tarbell, M., *The History of the Standard Oil Company*, Macmillan, 1925, preface

第五章 『ビルマの竪琴』新潮文庫、一九五九年、五九頁

第六章 『自発的隷従論』ちくま学芸文庫、二〇一三年、三五頁

第七章 『根をもつこと』（上）岩波書店、二〇一〇年、六四頁

第八章 『社会学講義』みすず書房、一九七四年、七九頁

第九章 『人間の由来』（上）講談社学術文庫、二〇一六年、一九二頁

# 序章
# 争わないための依存

## 争いの源流をさかのぼる

このような世界になると誰が想像できただろう。私が子供だった一九七〇年代、二十一世紀は遠く、争いとは無縁の未来に思えた。公害やオイルショックといった問題はあったものの、経済成長と技術革新がやがて問題を解決し、社会は総じて良くなっていくだろうという漠然とした希望を子供ながらに感じていた。

その二十一世紀は、自分の想像とは裏腹に、米国ニューヨークの高層ビル二棟が崩れ落ちるという絶望的な光景で幕を開けた。イスラム原理主義者らによる9・11同時多発テロである。米国は報復としてアフガニスタンを空爆。その後二十年に及ぶ米軍駐留は総額三兆ドルともいわれる戦費を消耗し、二千五百名近くの米兵、十五万人にも上る敵味方のアフガン人が命を落とした。「そもそもなぜアメリカが狙われたのか」という本質的な問いを封印して始まった「正義の戦争」は、皮肉にも彼らが打倒したはずのタリバンの復権で幕を閉じた。米国は自分たちにとっての「問題」であったイスラム原理勢力を一掃するどころか、かえって呼び覚ましてしまったのである。

その後、国際的な争いはヨーロッパに焦点を移した。二〇二二年二月に発生したロシアとウクライナの争いは、世界中の人々を食糧危機やエネルギー問題に巻き込んだ。大国がその武力を背景に争いを仕掛けると、争いはかえって深刻化することが多い。そして、人間同士が争っているうちに、人類の生存基盤である地球環境は静かに蝕《むしば》まれ、それが引き起こす異常気象や旱魃《かんばつ》は、水や居住地をめぐるさらなる争いを呼び込む。

ロシアはウクライナ侵攻で北大西洋条約機構（NATO）の東方拡大という「問題」に対策を講じ、西側諸国はロシアの侵略という「問題」にウクライナへの武器支援という対策で立ち向かおうとする。思えば近代以降の人間の歴史とは、「問題」が貧困であれ、環境危機であれ、領土をめぐる対立であれ、問題→対策というパターンの中に進歩の希望を見出そうとする営みの繰り返しであった。そして私たちがその都度、問題として取り上げる対象の根底には、いつも人間同士の争いがあり、それを促す「敵―味方」、「正義―悪」といった二項対立的な発想があった。米国がかつて支援していたイラクのフセインがいつしか敵になってしまったように、味方が敵になるような事例は歴史の中で枚挙にいとまがない。

では、どうすればよいのだろう。争いという「問題」を生み出す社会の格差や分配の構造をそのままにして、もぐらたたきのように「対策」に躍起になるのではなく、争いを生み出す構造そのものを抜本的に考え直してみる必要があるのではないか。

本書は従来の二項対立的発想を超えて、人々を互いに突き離したり、逆に一つに結びつけたりする力を「依存関係」という視角から分析してみる。

## 「依存」と争い

そもそも、「依存」とは何だろうか。複数の国語辞典を照らしあわせてみると「依存」とは、「他のものに頼って存在していること」であり、そこにネガティブな意味合いは含まれていない。しかし、「他のものに頼る存在」のあり方に対しては、時代ごとに評価が分かれる。同じ集落の隣人の助けがなければ生きられなかった長い時代、依存の状態を問題視することなど考えられなかったであろう。持ちつ持たれつを保っていくことこそ生きることそのものであったに違いない。ところが現代の「依存」には、とかくネガティブなイメージが付きまとう。

ニュースで見聞きする「依存」の使われ方も、もっぱらネガティブである。病的なニュアンスを含む「～依存症」はもちろん、「中国の一帯一路政策に関するラオスの中国依存」、「マスクを外すと不安になるマスク依存」、「スマホ依存」など、「依存」は避けるべき状況を指す言葉として定着している。

ここで大切なのは、これらのケースでは依存先の選択肢が限られているという点だ。依存先の選択肢が狭く限定されると、人々は逃げ場を失い、与えられた状況に身を任せるしかなくなってしまう。選択肢があるように見えても、今の状態から抜け出すのが困難なこともあるだろう。この場合の「依存」がネガティブにとらえられるのは理解できる。

だが、依存先が一つしかないのではなく、複数のネットワークを形成していると考えればどうだろう。人々は自らの依存先を選べるようになり、争いを助長する組織にそそのかされたり、争いの原因になる他者の蔑視や排除に簡単に加担したりする可能性も低くなるのではないだろうか。そして、これまで「個人の選択」の結果として責任を負わされ、無力感を抱いてきた人も、大きな集団と向き合うコツを心得、仲間を見つけて勇気をもてる場面も増えるのではないだろうか。

ここで私の言う「争わない社会」とは、争いや暴力が皆無の理想郷ではなく、争いの激化を予防する「依存のネットワーク」が張り巡らされた社会である。もともと、西欧で形成された国家の重要な役割は、貴族たちの不規則な暴力行使を規制し、軍隊や警察などを通じた「正統な暴力」の権限を国家に集めることで、市民社会での偶発的な争いの勃発を抑え込むことにあった（山内二〇〇五)。ところが、国家が支配を強める過程で生じていたのは、様々な中間集団の解体であり、市民が国家と一対一の関係でつながってしまうという権力の一元化である。そうした中で国家が自ら暴走すれば、無防備な人々は、たやすく権力に絡めとられ、争いに巻き込まれてしまう。

争いの道へと走り出す手前で、権力の集中に歯止めをかける方策を考えなくてはならない。ヒトラーやプーチンが選挙で選ばれたことを考えれば、選挙制度に頼る民主主義では、権力の暴走に十分な手当ができない。だが、たとえ争いの芽を完全に摘むことはできないとしても、争いが重症化する手前で事態を収めることなら、現代の民主主義の枠の中でもできるはずだ。事後的に対策を講じるよりも、前もって争いを拡大しない社会を築く方法に知恵を集めるのである。

争わない社会に向けて、「依存」にこだわる理由をもう少し掘り下げてみよう。

## 自立の再定義

慶應義塾の創設者である福澤諭吉は、明治時代のベストセラー『学問のすすめ』(一八七二年初版)で「一身独立して一国独立す」という有名な言葉を残し、生まれたばかりの明治国家のあるべき姿を示した。彼は欧米にならって、権威から独立した市民こそ国の礎《いしずえ》になると考えたのである。同様の考え方は、やがて遅れて近代化を果たした発展途上国に広く普及していった。だが、この勇ましい掛け声の中で私たちが忘れがちなのは、どのような自立も「何らかの依存関係の組み合わせ」から成り立っているということである。

「依存関係」を細かく分解してみよう。そこにはまず一人の人間が織りなす様々な人間との依存関係がある。そして、それを取り囲むようにして、様々な組織や国家がそれぞれの依存関係にある。そうした依存関係が国家を超えて世界につながっていることは、ウクライナ紛争に端を発するエネルギー価格の高騰で多くの日本人が体感した。対外的な依存を減らせば、経済的な自立を高めることはできるかもしれない。しかし、世界の動向から自分たちだけを切り離すことはできない。依存を忌避する方法ではなく、依存と向き合い、手なずける方法が問われているのである。

依存は外部から持ち込まれることもある。たとえば先進諸国が行う貧しい国々への援助でも、相手国や人々の自立が強調されてきた。「魚をあげるのではなく、釣り方を教える」ことが自立に向けた支援であると繰り返され、日本の援助業界はこれを「自助努力支援」と呼んできた。だが、釣り方を覚えた人は釣った魚をどうするのだろうか。自分で食べきれない分はおそらく市場に売ることになる。「自立した」釣り人は、こうして市場と貨幣の世界への依存を強めていく。

このように、一見「自立」に見えるものが実は依存先の変更に過ぎないのだとすれば、私たちはなぜその事実に気づくことなく、依存を嫌い、自立を崇《あが》め続けるのだろう。

近代以降の社会における競争や自立の強調が「依存」を遠ざけてきたのには、いくつか理由が考えられる。他者に依存する「弱み」を自覚したくない人間心理も一つの要因であろう。年金や福祉の面で国家が個人の生計に影響を及ぼす範囲が拡大してきたこともある。あるいは、個々人が社会の分業や競争に取り込まれていく中で、「仕事」が生活全体を支配し、周りの人間に頼るという行為をその範囲においてしか意識できなくなってしまったからかもしれない。

現実世界では、誰しも、頼る先を変えながら人生を歩む。赤ん坊として生まれた人間は、親に守られて成長し、学校では友人に、職場では同僚に、家庭では妻や夫に頼りながら年を重ねていく。病院の医師に頼って生涯を終える人も多いであろう。かつて助けられた人は、どこかの段階で助ける側に回り、助けた者は助けられる者になる。このように考えると、依存関係は複数に広がっていて、そこには時間を超えて循環する側面があることも分かる。

近代化に伴う個人主義の蔓延《まんえん》と、依存関係の重層化は表裏一体である。だが、依存の大部分は無意識の領域に属するために後景に追いやられ、代わりに意図的、主体的な行為である競争と協力が意識されてきた。ここで「無意識に築かれてきた依存のネットワークこそが自立の役に立ってきた」という主張をしてみたところで、個人の自由意志を重んじる近代社会においてはいかにも頼りなく聞こえてしまう。しかし、ひとたび自立の土台に目を向けると、そこにある依存関係のあり方が、争いに至る可能性を左右していることが見えてくる。

## 依存関係でつなぐ過去と未来

依存のネットワークは時間と共に形を変える。依存関係という視点は、その意味で、歴史をどう見るかということにもかかわってくる。歴史の流れは、「建国の父」や「革命の英雄」らがつくり出してきたものではない。長編小説『戦争と平和』で知られるロシアの文豪レフ・トルストイ（一八二八―一九一〇）はそう結論した。歴史の主人公として登場する軍人や政治家は、権威のピラミッドの中で高く位置しているほど、その基礎となる普通の人々から遠く離れざるをえない。しかし、現場で実際に歴史を動かすのは、これら普通の人々ではないか、とトルストイは考えた。ピラミッドが大きくなるほど、頂点を下支えしている土台は忘れられてしまう。これが、いわゆる「トルストイの逆説」である（バーリン 一九九七、三四―三五頁）。

今回私が試みたのは、この逆説をヒントに、国家と諸個人の「関係」に注目することである。トルストイは、歴史の底流に、歴史に名前を残さない人々の姿を見た。私は「統治する者／される者」という二項対立的な発想を超えて、多様な人間がお互いの関係性を組み上げる様子を「依存関係」というキーワードで捉えてみたい。

東洋史学者である宮崎市定《いちさだ》がこんな言葉を遺している。

いやしくも自己の記録をもつようになった文化民族ないし国家は、たがいに交通という紐帯《ちゆうたい》によって緊密に結びつけられている。そして相互に啓発しあい、競争しあい、援助しあいながら発展してきたのである。ちょうど、スギナとツクシとが地面の上ではまったく違った形を現わしながら、地下では共通の根を持っているようなものである。（宮崎 一九八七、二〇頁）

私はこの一節を読んで、宮崎の言う「援助しあいながら発展してきた」という部分に、自分のこれまでの研究の焦点が合わせられていたことにハタと気づいた。これまでの研究から分かってきたのは、近代化や開発を推し進める競争や自立は、特定個人の選択肢を増やしながらも格差や不平等と表裏の関係にあること、貧困や環境破壊といった開発の副産物を手当てするはずの「援助」の背景にも様々な政治的思惑があることであった。私に欠けていたのは、まさにスギナとツクシが地下で共有の根をもっているかもしれないという想像力だった。

「地面の上」だけを見ていては物事の本質が分からない。このことを最初に教えてくれたのは、私の調査地であるタイ中西部の焼畑農民たちである。畑や森に火を放つ焼畑移動耕作は、その瞬間だけを切り出せば、周囲の自然環境を破壊しているように見える。しかし、数十年のサイクルで見てみれば、地味《ちみ》が回復した場所に再び戻っていく移動式耕作は、むしろ自然環境に適した農法である。

私たちが教わってきた近現代史は、自己と他者の違いを強調する視点に偏ってきた。その結果、宮崎の言う「共通の根」にある文化や経済が互いにどのように抜き差しならぬ依存関係にあったのか、という視点が忘却されてきたのである。「依存」は本来中立であるならば、取り返しのつかない争いへと向かわせる依存関係とはどのようなものか。この問いに対して、主にⅠ部とⅡ部で問題の所在と成り立ちとを明確にし、最後のⅢ部では「争わない社会」への道筋を論じる。

## 本書の全体像と構成

「争わない社会」を展望する上で、まずは「争う社会」の基本的な成り立ちを、歴史をさかのぼりながら理解しておきたい。「争わない社会」のあり方を展望するには、そもそも私たちが問題だと思う事柄がどのように導かれたのかという過去への反省が欠かせないからである。

そこで、Ⅰ部「発展の遠心力――「自立した個人」を育てる」では、「発展」を目的として人間同士の争いのエネルギーが経済成長へと向けられてきた原動力に注目する。具体的には競争（第一章）と社会分業（第二章）である。ここで言う「発展」とは、その時々の人間社会がより望ましいと考える生活様式への移行であると考えよう。それは端的に言えば、欧米で初めに実現されたような、個々人の自由と選択肢の拡大を目指す動きであった。

人間社会は長い間、自分が生まれついた家族や地域社会といった身近な世界に生活の可能性を強く限定されてきた。農民の子供は農民として育つ者が大部分であった。しかし、近代以降は国家に大きな力が与えられ、同時に、個人の能力に応じた自立が重視されるようになった。伝統的な共同体の機能は低下し、「自分のことは自分でやる」ことが前提とされる社会になった。人々は個性を抑え込みがちな伝統社会の「閉じた依存関係」から解放され、職業や趣味に応じて所属や居住場所を自由に決められるようになった。依存先を個々人が選べるようになったのである。

欧米先進諸国で一般的となった自由競争と自立の文化は、「発展」のもたらす物質的な富へのあこがれを推進力にしてアジア・アフリカの諸国にも広がった。その潤滑油となったのが対外援助（第三章）である。

ところが富の増大は、その所有者たる国や個人に、それを守るための武力と、未来の不確実性に備えた制度的な保障を求めさせることになる。それに伴って、力をもった集団同士が衝突するリスクも高まる。豊かな者は豊かさや特権を正当化する思想を欲し、不確実性を減らして自らの特権や貯えを次の世代に相続していきたいと考える。広がっていく発展の遠心力は、こうして、それを受け止める様々な場所に、自分たちの領域を囲い込む「支配の極」を生み出した。

このような発展過程の歪みを検討するのがⅡ部「支配の求心力——特権はいかに集中するか」である。具体的には、様々な特権の集中を正当化する「適者生存」の思想（第四章）、富を守る「私的所有」の制度（第五章）、権力が極端に暴力的な支配へと転じた「独裁権力」（第六章）の三つを取り上げて、特権の集中と争いの関係を解きほぐす。特権の集中には、それを促す論理や思想と、それを安定させる制度があるが、一歩間違えると暴力が生まれ、取り返しのつかない結果になってしまう。社会の近代化によって「自立した」と思われていた諸個人は、権力の分布という視点から見ると実は依存を深めていたのではないか。こうした問題意識から「争わない社会」をつくるためのヒントを探るのがⅡ部である。

Ⅲ部「依存の想像力——頼れる「中間」を取り戻す」は、個人と国家の両極端に引き裂かれた力の結節点を、両者の中間に引き戻す方策を考える。まず、依存先となる様々な集団に対して人々が抱く「帰属意識」（第七章）の役割に迫る。そして、依存のネットワークを下支えする集団のあり方そのものを論じるのが、第八章の「中間集団」である。中間集団は、国家権力の手先になることもあれば、国家権力の暴走をせき止める防波堤の機能を果たすこともある。こうした違いはどこから生まれるのだろうか。

最終章の「依存史観」では本書全体をまとめた上で、「争わない社会」の構築に役立つ新たな歴史の見方を提案する。ここで言う歴史とは、単なる「過去の出来事」ではない。それは未来の種を育てる土壌である。どのような角度から歴史の土に鍬《くわ》を入れるのか。この問いに答えるのが最終章の仕事である。

人間の関係性を問い直すことを通じて得られる「問題を未然に防ぐための知」は、今、何をすべきかを指し示す「起きてしまった問題に対策を講じるための知」より目立たないし、分かりにくい。しかし、私はここにこそ「批判してばかりで現実的には役立たない」と揶揄《やゆ》されがちな文系諸学の大いなる貢献の余地を見出す。人間同士の依存関係を組み直して「争わない社会」への礎を築く。本書は、その可能性に望みをかける社会科学からの挑戦である。

# Ⅰ部　発展の遠心力

——「自立した個人」を育てる

# 第一章

# 競争原理——規格化される人々

昔は死ぬか生きるかのために争ったものである。……今日は死ぬか生きるかの問題は大分超越している。それが変化してむしろ生きるか生きるかという競争になってしまったのであります。

——夏目漱石「現代日本の開化」

## 競争と争い

有史以前から行われていた狩猟がスポーツのような側面を持っていることから分かるように、人間は遊戯としての競争を好み、楽しむ性向をもってきた。狩りは獲物が得られれば一旦は終わる。しかし、現代世界の競争は終わるところを知らない。一つの競争が終われば必ず次の競争がやってくるのが「発展した社会」の宿命なのだろうか。夏目漱石が明治末期の世を「生きるか生きるか」と評したのは、日本が逃げ道のない競争社会の入口にさしかかっていることを鋭敏にかぎ取っていたからであろう。

「人はパンのみにて生きるにあらず」（マタイ伝）とはいえ、人類が長く「パン」を求めて争ってきたことは事実である。そこには他人のパンを奪う文字通りの争いもあったであろうが、近代以降は、特定の相手と争うというよりは、市場原理のシステムの中でより安く、より多く、より早く商品を作ることを介した経済的な地位をめぐる競争が支配的になった。こうした競争が大量生産を促し、「パン」の価格を下げて人々の物的生活をあまねく豊かにしてきたことは否定できない。

だが、このシステムの不具合があらゆる側面で目立つようになってきたのも事実である。生産の競争は消費者のニーズを満たしながら、消費者を刺激して新たなニーズをつくり出す。この終わりのない競争は、経済格差や環境問題を生み出してきた。

本章の問題関心は、競争をむやみに否定することにはない。競争は、うまく働けば創造性や卓越を生み出す原動力になる。関心の焦点は、お互いを高め合うような競争を、お互いをつぶし合うような争いに転化させない方法にある。第七章で見るように、人間社会には避けて通れない争いというものがある。しかし、それが暴力の連鎖にエスカレートすれば、生命の土台までもが脅かされる。そうならないためには競争の性質を理解し、手なずける工夫が必要だ。

そもそも争いと競争とはどのように異なるのか。私の理解は次のようなものである（図1－1）。資源が極度に限られていると資源を増やす経済成長はほとんど期待できず、人々は与えられた資源《パイ》を分け合い、時に応じて他の集団と資源をめぐる争いを引き起こしてきた（図1－1の左）。貧

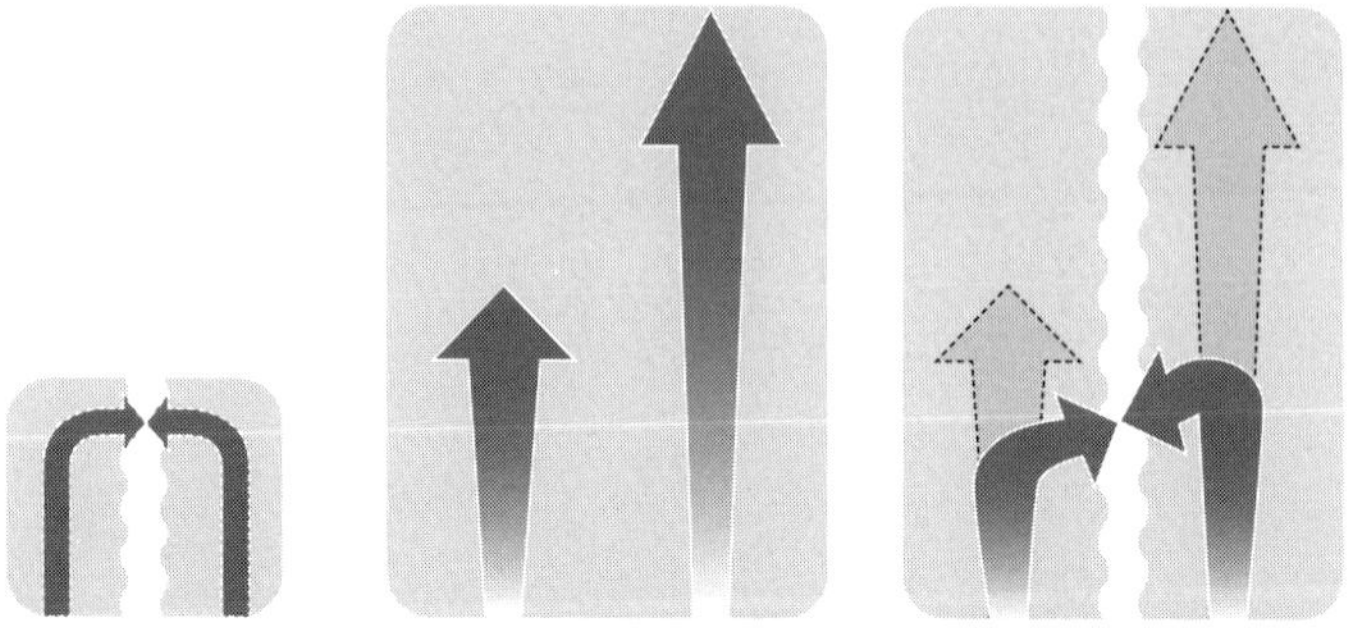


**図1-1　競争と争い**

しさゆえの「生きるための闘争」（第四章参照）である。現在でも世界の貧しい地域では、このように限られたパイの奪い合いがある。

　科学技術の絶大な進歩は人々を競争へと駆り立て、こうした奪い合いの比重を減らした。もちろん、近代以降の戦争には凄惨なものがあったし、争いがなくなったわけではない。それでも、より多くの人々が生産力の増大を目指す競争に参加するようになると、分配の対象になるパイ全体は大きくなる。

　競争では、限られた地位や立場をめがけて、一定のルールの下で皆が同じ方向に向かう（図1－1の中央）。競争のルールと序列の基準は明確にされることが多いが、そこに勝敗がつくとは限らない。勝敗よりも序列を決めるのが競争である。この結果、競争はパイを増やす一方で格差も生じさせる。

　これに対して、当事者が直接ぶつかり合うのが「争い」である。争いでは、勝敗を決着させることが当座の目的になる。ここで大事なことは、競争が関係主体の共存を一応の前提とするのに対して、争いの場合は、そうした共存を否定するところまでエスカレートしうるということである*（渡辺二〇二一、五一四頁）。特に近代以降に世界各地で見られる争いは、生存のための闘争というよりは、権益を拡張するための争いの様相を呈している。こうした「豊かさの中の争い」（図1－1の右）は国際紛争に限らず、身の回りの集団の中でも生じている。

ここで注目したいのは、共存を前提として一定のルールに則って行われる競争が、いつしか相手の存在そのものを否定する人間同士の争いに転じてしまう場合である。たとえば国家間の争いである。二〇二一年九月に中国の習近平《シーチンピン》国家主席と会談した米国のバイデン大統領は、様々な局面で加熱する米中関係を指して、会談後に「競争が争いに転じることがないよう、両国の責任について意見を交わした」との声明を出した**。

競争から争いへという転化の背景には、競争のルールそのものに不満をもつ人々の怒りや、既得権益を維持したい人々の利害など、様々な対抗の図式が想定できる。重要なのは、競争が激し

---

＊ 本書の力点は、争いの仲裁や和解のメカニズムではなく、そもそも争いが生み出されないようにするための工夫であるから、争いの定義や類型には立ち入らない。国際関係の文脈における争いと危機の関係については Young（1967: 18）を参照されたい。

＊＊ 国際通信社ブルームバーグ・ニュースの記事〈https://www.bloomberg.co.jp/news/articles/2021-09-10/QZ74Z3T0AFBI01〉、最終アクセス二〇二三年三月十日。

くなったからといって、常に争いに発展するとは限らないという点だ。

## エリートが似てくる?

競争の性質に話を戻そう。競争が市場に多くの「パン」を生み出したことは否定できない。しかし、その恩恵はいったい何と引き替えに得られたものであろうか。私はこの問題を考えるヒントを米国トップ大学での経験に求めた。*というのは、米国における学歴競争は日本に負けず劣らず激しいものがあり、その中で序列の上位に食い込むことができた学生たちを見ることで、競争社会が生み出す歪みを確認できるのではないかと考えたからだ。

世界で最も豊かな国の一つである米国の大学は、長い間、競争と多様性をめぐる論争の最前線にあった。たとえば一九五〇年代には黒人、一九六〇年代には女性、一九八〇年代には人種的少数者の入学や優遇策をめぐって白熱した議論が行われてきた。近年は、トップ校で「増えすぎた」アジア系の学生数を操作するために、ハーバード大学が秘密裡に人種を理由に不当な入学制限を行っているか否かの争いが法廷にまで持ち込まれて注目を集めた。

そんなトップ大学の一つであるプリンストン大学で、私は二〇一四年から五年間にわたって教鞭《きょうべん》をとる機会を得た。過去二十年ほど東京大学で教えてきた私は、受験勉強ばかりしてきたと揶揄されがちな東大生には見られない多様性のシャワーを浴びるつもりで講義に臨んだ。ところが、実際に学生とつきあってみて感じたのは「学生がみんな似ている」という全く予想外のことだった。どの学生も社交的で主体性があり、総じて教員の助言に従順な印象であった。私の知っている東京大学に比べて、個性的な、いわゆる「変わった学生」が少ない感じがしたのである。

人種の多様性や経済的な背景への配慮から総合的な人物評価で学生を集めているはずのプリンストンで、学生たちが「互いに似ている」と感じられたのはなぜだろう。その答えは入学試験のあり方に求めることができると私は見ている。一部の総合型選抜（旧称ＡＯ入試）実施校を除き、学力のみを基準とする日本の大学とは異なって、米国トップ校の入試では学力以外の基準が大きな役割を果たす。「学力は前提になっている」と言ったほうが正確かもしれない。

たとえば海外でのボランティア経験、音楽やスポーツでの活躍、地域社会でのリーダーシップなどは重要な加点要素になる。ハーバードやプリンストンなど、合格率が五％を切るようなトップ校では、日本の大学入学共通テストに相当するＳＡＴ（適性試験）の点数ではほとんど差がつかない。そこで「他人との違い」を強調するため、場合によっては中学時代から「人物評価」に有利な経験を積むための活動が始まるのである。

十七世紀に牧師の養成所として始まった米国の大学は、やがてヨーロッパの貴族社会に反旗を翻す形で能力主義に基づく集団に発展し、独自の「階級」を再生産する仕組みとして機能してき

＊　詳しくは拙著『教えてみた「米国トップ校」』（角川新書、二〇一七年）を参照されたい。

た。裕福な大学では低所得者層向けの奨学金が充実しているとはいえ、年間に八百万円以上の学費（二〇二二年現在）を難なく支払える富裕層出身の学生が多いことも事実である。「レガシー」と呼ばれる、OB／OGを親にもつ子供を一定枠で入学させる制度も、「階級」の再生産につながる。*だが、日本や韓国が学歴社会として揶揄されることがあっても、米国でそうした批判が声高に叫ばれることはあまりない。背景には、格差を能力の「当たり前の反映」と見なす文化や、学歴よりも実力を問う「アメリカン・ドリーム」への根強い信仰があるからであろう。

それでも西海岸や東海岸の比較的裕福な層がこぞって家庭教師を雇い、有名大学を目指して子供の尻を叩くのはなぜか。それは、「ドリーム」はやはり夢なのであって、目の前にある現実は紛れもない学歴競争だからである。学歴がその後の就職や出世を有利に進める材料であることを米国人も認識しているのである。

他人との違いを強調する米国社会にあって、エリート大学に集まる学生の質が似ていると感じられた理由はおそらく、学力のみならず、人間性までもが競争の評価基準となっているからではないだろうか。トップ校を志望する生徒たちは大学が求める基準に合わせてくるので、似てくるのである。これは社会が望ましいと考える枠に合わせて、人々が規格化される過程であると言ってもよい。

東京大学の場合、基本的な評価対象は学力だけなので、その他の条件、すなわち人柄や高校時代までの経験を評価基準に「合わせていく」必要がない。**大学の世界ランキングではトップ10にすら入っていない東大で突出した個性が目立っているように感じられるのは、これが理由であろう。

差異の強調と競争が大きな争いへと転化せず、しかも人間を蝕む動因にならないようにするには、まずもって競争が人間社会のテーマとして出現した経緯、そして競争の性質をよく理解しなくてはならない。そのために、まずは個人と競争を重視する文化がどのように育まれてきたのかを見ておこう。

## 入れ子をなす個人と集団

長きにわたって他の民族や部族との争いを繰り返してきた人類は、その「戦利品」として生活の豊かさと秩序の安定を獲得してきた。特に十九世紀後半以降の近代化は、国家を強大にし、人々に豊かさをもたらすものとされたら、多くの国が、そのための産業化と生活の合理化に努めてきた。近代化は富だけでなく、社会における個人の役割を大きくする一方、近隣住民の助け合いを基盤にした、社会の中の共同的な要素を抑制する傾向をもつ（今田 二〇一七）。それは、とり

＊ その意味では、世界大学ランキングは「学費」を加味したコストパフォーマンスで評価されるべきというのが私の考えである。
＊＊ 東京大学は近年、ごく少数の入学者を推薦枠から採用するようになったが、ここでも学力が重要な基準になっていることは変わりない。

わけ農村における伝統社会の息苦しさを打破しようとする内側からの動きと、国家と国民とを一対一でつなげようとする近代国家による外側からの働きかけの合成物であった。諸個人がこの流れの中で自らの置かれている共同体から切り離されていったのは半ば当然だったのである。

日本の場合、江戸時代までの社会は「~家の~助」や「~村の~太郎」などという形で、所属する集団との関係の中で個人を同定していた。明治時代、そうした所属関係から離れてすべての人間を「国民」として一元的な戸籍に登録することが目指されたことは、個人の時代の到来を意味した。

夏目漱石が一九一四年(大正三年)に学習院大学で行った講演「私の個人主義」は、当時の日本で「個人主義」という発想がまだ新鮮な響きをもっていたことを象徴的に示している。その後の近代化は個人の豊かさを象徴する所有財を多様化し、車や家、学歴や会社名など他者との差を示す標識の種類を増やすことを通じて、社会の個人化を促進した。

ところで、日本で個人の存在が急激に前景化した時代は、国家権力が強化された時代でもあった。明治政府は、それまで全国各地の藩に任されていた統治を一元的に行う各種のシステムを導入した。先に述べた、国民一人ひとりを出生関係により登録する戸籍制度の充実は、その典型である。

個人を前面に出す傾向は国が一方的におしつけたものではない。発足したばかりの明治政府が新しい修身の教科書として採用したサミュエル・スマイルズ(一八一二―一九〇四)の『自助論

*Self-Help*』（スマイルズ 一九八一）の訳書『西国立志編《さいごくりっしへん》』（中村正直訳）がたどった道のりは、まさに国と個の緊張関係を物語っている。「天は自ら助くる者を助く」の有名な書き出しから始まるこの本は、個人の成功を、外部に頼らずに、内なる努力と工夫による独立した精神で成し遂げる重要性を訴えた作品である。家や村を生きる基盤にしてきた日本人にとって、個人を真ん中におく発想はさぞかし新鮮であったに違いない。

スマイルズは個人の成功を「個人の努力」に還元し、国家の成功はそうした個人的な努力の積み重ねに過ぎないと考えていた。現在の日本人の視点からはイメージしにくいかもしれないが、彼の問題意識は、国家の制度に頼りきって個人の意思がもつ可能性を矮小化《わいしょうか》してきた欧米社会への疑問から出発する。そこからスマイルズは、個々人の意思が国家の性質を決定するのだという結論に至る。「個人の尊重」は、やがて人権という概念に成熟し、長い時間を経て、近年ではＳＤＧｓ（持続可能な開発目標）の掲げる「誰ひとり取り残さない」という理念へと展開してきた。個々人の自由こそ重要であるという理念は、とりわけ自由主義の社会においては市民権を得たといってよい。

だが、一人ひとりの自由や権利を保障すれば、個々人が集まってつくられる社会の自由や権利も保障されるものだろうか。合理的な個人の集まりが集団の合理性を導くとは限らないという逆説は、長く社会科学者を魅了してきた。そして特に現代の経済学では、合理的な個人は自身の属する集団の効用よりも自分自身の効用を最大化すべく行動するという考え方が半ば常識になって

＊いる（Fukuyama 1995: 18）。個人化は、能力や富を他人と比較させて、競争意識に火をつける。そうであれば合理的な個人は、なぜ自分の利益を犠牲にしてまで互いに協力することがあるのだろうか。

　この疑問に対する答えは、人間が単なる「個々人の群れ」ではなく、有機的なまとまりをもった集団に所属しながら生きていることを考えてみることで得られそうだ。人は複数の集団に同時に所属できるので、競争や合理性の意味もその都度変わってくる。たとえば会社の部署の中を覗いてみると、社員一人ひとりは互いに出世や給料をめぐって競争しているが、部署間の競争となれば、社員同士は競争相手から協力する仲間へと変化する。そして、これが会社間の競争となれば、部署同士はライバルではなく、協力相手となる。さらに、業界間の競争という視点でみると、「同業者」として会社間の協力が見られる。このように重層的な競争では、より上位レベルの競争に勝つことを目的に、下位組織のレベルで「協力」が促されることがある。

　競争の相手が自分の属する共同体の外に見出されるときには、普段は競争している所属組織内部が一体性を意識するため、協力が強く促進されることがある。国内政治が不安定になった国が、対外的な脅威をことさらに強調するのは、このメカニズムを利用して国民の団結を促そうとする例である。

　このように対外的な競争と対内的な協力が重層的に織り込まれているのが現代社会の諸集団の特徴である。どんなに協力的な環境の中にも競争の要素が含まれており、逆に、どのような競争でも、協力関係がその一部を成している。競争か協力か、という単純な二分法で整理できないのは、集団がこのように入れ子状になっているからである。

## つくられる稀少性と競争の激化

「競争」が自然選択（第四章参照）を通じて成長や革新につながると考えられるようになったのは、十九世紀に入って産業社会が登場し、市場経済が資源配分メカニズムの中核的な役割を担うようになって以降である**（ポランニー 二〇〇九）。

では競争の対象とは何であろうか。それは稀少な財・サービスと機会である。有名アーティストの公演チケットであれ、職場の管理職ポストであれ、限定品のブランドバッグであれ、それらは稀少と見なされるからこそ争いの対象になる。

そもそも稀少性とは、誰によって、どのように定義されるのか。私たちに馴染みがあるのは消

＊ 社会科学の研究者が、人々の「協力」を「集合行動（collective action）」と呼ぶのは、集団を個々人の足し合わせと見なすからである（Olson 1965）。だが、人間はもともと合理的ではなく、競争的な環境が人間を合理的に仕向けているにすぎないと考えると、この「常識」はとたんに疑わしいものになる。

＊＊ 経済の領域で始まった競争は、やがて経済以外の領域にも広がっていく。たとえば政治の領域における競争の一つとして、民意の獲得をめぐって繰り広げられる選挙は、現在では民主主義に不可欠な要素と見なされている。

費者の決める稀少性である。多くの消費者が求めるポケモンカードは、高値がついて稀少化する。カード制作会社が生産量を絞ることで、稀少性を操作できないわけではない。だが稀少であることそれ自体が広く認知されなくてはならないので、究極的には消費者の需要がカードの稀少性を左右する。

ここで注意を要するのは、市場でやりとりされる商品の枠からはみ出るような「資源」の稀少性が、政策的につくり出される場合である。たとえば私がかつて長期のフィールドワークを実施したタイ中西部の奥地で生活する人々にとって、森林の樹や草は自然に生い茂っているもので、そこから得られる諸資源は稀少であるとは認識されていなかった。しかし、その森林は国家から見ると、稀少な動植物を含む生物多様性の宝庫であり、重要な観光収入の源でもある。政府にとっては、森林は地域の人々の生活を制限してでも保護すべき稀少資源なのである（佐藤 二〇〇二）。

他方で現場に目を移すと、地域の人々は森林局の役人の目から隠れるように森に入っては、生活に必要な物資を取り出していた。重要なのは、現場に暮らしているわけではない外部の有力者が稀少性の判定において大きな影響力をもつという点である。これまでは村人同士で調整すればよかった土地と森林に関する暗黙のルールは、国の政策や法律に置き換えられたとたんに機能しなくなり、人々の生活資源はローカルな管理者を失って争いの対象と化してしまった。

こう考えると、産業革命以降、稀少化する財や資源から排除されていく貧困層の存在が最初に社会問題化したのがアジアやアフリカの国々ではなく、欧米諸国であった理由が納得できる。放牧地の稀少化に伴って中世の末期から近代にかけての英国で二度ほど大規模に実施された共有地の囲い込み（エンクロージャー）は、共有地から締め出されて土地を失った人々を貧困に陥れた（ポランニー二〇〇九）。このときの「貧しさ」は、そこにある資源の総量とは全く別の論理によって生み出されたのである*（デュムシェル&デュピュイ一九九〇、一五二頁）。貧困が単純に財や資源の総量の問題であれば、まずは物質的に貧しい地域でこれらの概念が広がるはずである。実際には、そうではなく欧米諸国で貧困が社会問題化したということは、「貧しさ」が相対的に決まるものであることを示している。

何が「まっとうな生活」であるかは、経済発展の程度によって変わるので、それに合わせて何が稀少であるかも変わってくる。稀少性の知覚はタイの事例のように、かつては誰でも使えていた資源を競争の対象に変えるだけでなく、以前の贅沢品を新たな必需品に変えてしまう（クセノス一九九五、一九頁）。稀少な贅沢品の獲得の本質的な目的がモノそのものではなく、他人との差異を生み出すことであれば終わりがないのは当然である。

「パン」をめぐる争いは、お腹が一杯になったところで終了しない。人はすぐに、他人よりも多く、おいしいパンを追い求めるよう駆り立てられる。「稀少性の拡大」が意味したのは、「稀

＊ この点に関連して、文化人類学者のマーシャル・サーリンズは乏しい資源を分け合って暮らす未開社会では特定の物資が特定の時期に足りなくなる「欠乏」は生じても、生活の手段が目的に照らして常に不足しているという稀少性の経験はないことを実証した（サーリンズ二〇一二）。

少」の判定基準が一元化し、序列が明確化することであった。序列の明確化は競争の激化をあおり、競争は争いへと転化していく。

## 競争と無競争の間を探る

稀少な財・サービスをめぐる競争は、「発展の遠心力」となって末端の人々を生産に参加させ、財・サービスの総量を増やすという点で人類を豊かにした。しかし、そのプロセスに巻き込まれる一人ひとりの人間の視点からすれば、あらゆるものが稀少化して競争から逃れられなくなるのは苦しい。競争のよい面を維持しながら、その歪みを少しでも抑え込むにはどうすればよいのか。その答えは、競争と無競争の間に横たわっていそうである。まずは競争原理の限界を整理しておこう。

競争を通じて社会をよくするという考え方には三つの限界がある。第一に、ニーズや生きがいといった無形の価値を財やサービスといった利得に置き換えてしまうということである。大型のコーヒー・チェーン店が各地に広がる反面、その地域にしかなかった個性的な喫茶店がなくなっていくという多様性の消失も、競争の歪みの一つである。ガルブレイスが名著『ゆたかな社会』の中で論じたように、財・サービスの需要そのものは人間本来の選好というよりは、巧みな広告などの人為的な操作であおられている側面が強い*（ガルブレイス二〇〇六）。

第二に、価格競争の激化によって、モノの値段の背景にある人間の依存関係が見えなくなることである。価格を介して相手を打ち負かすという市場経済に特有の原理は、競争を下支えしている協力のすそ野（ここには、様々な無償労働を含む）に対する視野を狭めて、相互依存に基づく協力の価値を見えにくくする。その結果、報酬、インセンティブ、罰則といった「自己利益を追求する個人」の動機に働きかける、見えやすい制度づくりに人々の関心が偏ってしまう。格差と不平等がテロや地球環境問題の元凶であることは広く認められつつあるが、もし競争が格差の根源にあるとすれば、競争のあり方に手をつけることなく格差を根絶できようはずがない。

第三の限界は、競争が原料の確保とその利用手段の取り合いに焦点を置くために、経済活動そのものが究極的に依存している自然の存在を忘れさせることである。「肉や野菜はスーパーにあるもの」というイメージは、消費者の意識を自然そのものから切り離し、自然の存在を忘れさせる。生鮮食料品の値段が上がることに敏感ではあっても、食料品の生産そのものが化学肥料の投入などを伴って自然環境を劣化させている可能性は想像しにくいのである。こうして、人間同士の競争は自然の支配へと拡張し、人間と自然の関係を取り持っていた各種の秩序を崩壊させるに至った。多くの伝統社会がもっていた、森林や放牧地などの共有資源を維持するための秩序が、貨幣経済と国家経済に編入される過程で失われたのはタイの森林の例で見た通りである。競争至

＊　この点については市場経済における競争と心理の関係について論じたAkerlof and Shiller（2015）を参照。

上主義に立てば、より効率的な社会運営のために伝統的な共有の制度が葬り去られることは当然である。市場経済の世界が生み出した競争は、いつの間にか環境や生活に直結する実体経済を侵すようになってしまった。

ならば、私たちは「無競争」を奨励すべきなのだろうか。結論を急ぐ前に、無競争の問題点も自覚しておく必要があるだろう。たとえば、日本の一部の小学校では「順位をつけない徒競走」が行われていて、その是非が話題になることがある。負けた子供に劣等感を植え付けることになるというのが順位をつけない主な理由だそうだ。徒競走だけではない。学校の成績においても優劣の序列につながる相対評価ではなく絶対評価の重要性が主張されることがある。この「勝ち負けをつけない」という考え方は、受験戦争の過熱と不登校を問題視した文部省（当時）が、臨時教育審議会の答申（一九八七年）の中で「個性重視」を謳《うた》うようになってから広まったものである（臨時教育審議会 一九八七）。だが、勝ち負けをつけないのは学校教育のあり方として正しいのであろうか。問題は徒競走に順位をつけることではなく、徒競走で活躍できなかった子供が他の領域で活躍できるような環境を整えられているかどうかではないのか。

徒競走での上位入賞という稀少な地位は、その稀少性ゆえに価値がある。そうだとすれば、他の領域に別の稀少性をつくりだしていくのが競争と無競争の間を探る方法である。ある領域で画一的に競争をなくしてしまっても、それは徒競走という限られた領域における競争が見えなくなるというだけのことであり、子供たちの競争がなくなるわけではない。ならば、いろいろな競争の領域をつくり、一つの競争に負けることが決定的にその人を打ちのめさないようにするための工夫が求められるのではないだろうか。

その意味で、「個性重視」を謳って競争からこぼれ落ちた生徒の尊厳を守ろうとする措置は皮肉にも見える。というのも、そもそも競争とは個の重視と表裏一体だったはずだからである。歴史的に見れば日本では、個の能力の違いを認めない集団主義へのアンチテーゼとして、競争原理がとらえられてきた面がある。問題にすべきは、競争か無競争かの二者択一ではなく、競争の領域と、個々の結果が生み出す影響の範囲をどのように限定するか、という点であろう。

## 争わずに競う工夫

競争の領域を広げるという話題をもう少し掘り下げてみよう。徒競走でいつも負ける子供が、いじめられて不登校になったという一つの極端な（しかし、十分ありうる）例を考えてみる。その子供の身になってみれば、これは自分の存在をかけた友達との間の争いである。ではこの場合に、争いを避けて競うことはできるだろうか。

一つ目の観点は、勝敗の判定基準の多元化によって、勝敗を一つの基準で決めない方向性がある。たとえばスキーのジャンプ競技では飛距離だけでなく着地のフォームも評価の対象となる。競争の効果が及ぶ範囲の限定は、逆説的に聞こえるかもしれないが、競争の領域と内容を増やすことで可能になる。

二つ目の観点は、競争に負けた人の処遇である。そこには何らかの競争に敗れたメンバーを学校や会社といった集団としてどのように遇するか、そして敗者本人がそれをどう受け止めるか、という二つの課題がある。たいていの競争では勝者になる人より敗者になる人が多いことを考えれば、これらの問題に上手く対処できるかどうかは、個々の集団の持続可能性に決定的な影響を与えるはずである。

住民同士の依存関係が深い伝統社会では、「負けの処理」に関する工夫が多く見られる。上手く処理できなければ共同体が壊れてしまうからである。一九六〇年代にメキシコの農村を研究した人類学者のジョージ・フォスターは、共同体の中で生じがちな羨望や嫉妬の気持ちを和らげることで「不幸の処理」の機能を果たしている文化的装置を発見した（Foster 1965）。それは、「善いものは数が限られているという世界観（Image of Limited Good）」である。フォスターの調査した集落では「望ましい物事――土地、富、健康、友情、愛、名誉など――は限られた存在量しかなく、その供給は常に不足している」という世界観が共有されていたという*。

この世界観は、他者の成功を偶然や幸運、運命など、人知の及ばない力に帰するときの助けになる。自分の能力が劣っている可能性をまともに認めなくて済むからである（Foster 1965: 296）。失敗や不運は個人の能力不足によるものではないと納得することで、人々は精神的に打ちのめされることなく、最低限の自尊心を維持できる。

また、望ましいものが限られているとすれば、自分の利得向上は誰かの利得を減じることでしか達成できない。だからこそ集団の構成員は「善いもの」の獲得を自慢するようなことはせず無用な嫉妬をあおることを避けようとする。**他より多くを所有する人々は、宝くじのような偶然のメカニズムで思いがけず恩恵をこうむることができたのだと他人に説明することで、無用な羨望を抑え込むのである。この世界観によって争いに発展しうる嫉妬や羨望を抑止できているとすれば、それは伝統的な共同体に特有の閉じた依存関係でこそ機能する工夫であると考えてよい。

「負けの解釈」を工夫する伝統は日本にもあった。第二次世界大戦の直後に出版された日本文化論の名著であるルース・ベネディクトの『菊と刀』は、当時、「異常なほどに好戦的」と思われていた日本人が、同時に風流なものを好むといった性格を合わせもつ点に着目し、その「矛盾」の深層にある行動原理に迫ろうとした。彼女の分析の中で特に興味深いのが、日本人の「負けるが勝ち」という価値観を論じている箇所である（ベネディクト 二〇〇五）。

ベネディクトは、日本の子供がおもちゃをめぐってきょうだい喧嘩をしたときの母親の仲裁方法に注目する。母親は年長者である兄の方をこう諭す。「負けるが勝ちと言うでしょう。だから

＊ イヌイットやブッシュマンといった狩猟採集民が、集団の中でどのようにモラルを維持しているのかという多様な事例についてはボーム（二〇一四）を参照。

＊＊ 生産と生活が近接している伝統社会では、嫉妬と羨望は生活の全面を覆う害悪になりかねない。それゆえに、宗教的な力を借りて欲望を制御し、極端な格差を生まない工夫が世界各地で見られてきた。

小さい子に負けてやりなさいな」（ベネディクト 二〇〇五、三二六頁）。この場面に描かれているのは、目の前の負けた子供をその場しのぎで納得させ、「負けを受け入れる練習」をさせる様子だけではない。母親は「大きい子」の自尊心をくすぐりつつ、「遊び」を楽しくするには小さい子も大きい子も、それぞれ役割があるという、一段高いところに視点を誘導しているのである。*負けの受け入れ方を工夫するのは、それが単に敗者の精神的な安定に役立つからではない。敗者が勝者にむやみに嫉妬することなく自分なりの道を歩めるよう励ますことになるからなのである。

日本社会は、あからさまな負け組をなるべく生まないような工夫を様々な集団の中で重ねてきた。たとえば中央省庁の最高ポストである「（事務）次官レース」に敗れた官僚たちを外郭団体などで遇する「天下り」は、外部からみると官民の癒着の象徴である。しかし官の視点から見れば、入省年次が上がるにつれて激化する出世競争に敗れた者たちを少しずつ納得させながら、組織のピラミッドを維持していくために有効な制度であった。

格差に由来する対立を未然に抑え込む工夫も、私たちの生活世界には散りばめられている。たとえば「気前の良さ」をカッコいいと見なす風潮である。富を手にした者には気前よく振る舞う責務が生じるという社会的圧力は多くの地域で見られる。身近な例で言えば、会社の飲み会で上司が多く支払うような会計の慣習である。お寺の寄進にも似たような機能がある。お寺の本堂には、それぞれの檀家が寄進した金額が貼り出されていることが多い。この慣習には、顔を知った者同士の「気前の良さ」を競争させることで再分配の仕組みをつくり、共同体を持続させる役割がある。

争うことなく競うために「負けの処理」が重要になることは各地の事例の示すところである。本章では、メキシコの農村のように負けの解釈自体を変える方法や、勝者から敗者への部分的な再分配を行ったり、競争の負け組をしかるべく処遇したりする方法を紹介した。勝敗を個人の能力だけによるものと見ず、天の采配と解釈することで争いを目立たなくするのが、集団内での争いをエスカレートさせない一つの工夫なのであった。**

## 争わない工夫としての曖昧さ

競争は人間社会に多くの恩恵をもたらした。しかし、競争が「向き」を変えて争いに転化すると、競争の果実は台無しになる。大規模な争いともなれば、社会は疲弊して、地球環境は傷つく。今ほどの経済規模でなかった時代から、人類はこの危険性に気づき、様々な工夫を社会に内部化

---

＊　日本人の立場から本書に透徹した批判を行った川島武宣は「負けるが勝ち」の部分を含む「子供は学ぶ」の章が「本書の中でも最もすぐれている部分」であると高く評価をしている（川島 二〇〇五）。

＊＊　全く別の視点から「負けの処理」を提案したのが鶴見俊輔である。彼は、敗北を受け止めるときの気構えを重視し、「敗者の想像力を自分の側にもつ」という「消極的な能力」の意義を強調した（鶴見・関川 二〇一一：八三－八五頁）。第二次世界大戦への無謀な突入と敗戦、福島原発の事故といった「間違いの記憶」から私たちは何を学び、未来に生かすのか。鶴見のいう「消極的能力」には、積極的な可能性がある。

することで争いがエスカレートしないよう試みてきた。だが、依存関係が特定の集団内部に閉じていた時代の社会で見られた仕掛けは、その集団内部での心の均衡を保つのには役立つが、個人単位の競争心に立脚した近代資本主義の世界でも有効だろうか。グローバル化が進行した現在、競争の利点を受け入れつつも、その影響を節度ある範囲に収め、戦争に転化してしまうなど、競争の副作用が重症化することを未然に防ぐような工夫とはどのようなものであろうか。

一つのポイントは、競争の基準や対象をいかに顕在化させるか、もしくは顕在化させずにおくのか、という情報の操作である。伝統社会の方法に学んで、競争をあおるような序列を見えにくくし、争いを激化させる嫉妬や猜疑心《さいぎしん》を刺激しないよう意図的に曖昧さを残す工夫である。あらゆる分野において、外から見たときの「分かりやすさ」を求めるのが現在の風潮である。だが棚上げされていた尖閣諸島領有問題が日本側の国有化宣言を発端に日中の対立を顕在化させたように、分かりやすさは争いを呼びこむことがある。*明確な基準を頼りに分かった気になって忘れてしまうのではなく、まだよく分からないことを考え続けることこそ、争いの当事者らをつなぎとめる力になる。

なるほど、曖昧さは時に優柔不断や判断を遅らせるというコストを伴う。問題は、分かりやすさの中で置き去りにされるものをどのくらい重視するかであろう。たとえば、収益をめぐる競争環境の中で、どうにかして費用を節約したい企業が、悪いと知りながら廃棄物を不法投棄することがある。その結果、気づかれないまま環境が劣化し、災害リスクが高まることもあるだろう。

この種の問題の場合は、むしろ競争の基準を分かりやすく表に出すことで、利益勘定に反映できる範囲で争いへの歯止めをかけるべきであろう。他方で、領土問題など既に緊張の焦点が明らかなものについては、それ以上、事を大きくせずに曖昧に処理することの利点がある。そう考えると、曖昧さは、競争をそれぞれの領域に収めて、争いへの転化を防ぐための工夫であったとみることができる。

ただし、こうした工夫は国や地域という「外壁」に囲まれて、依存関係が閉じているときに機能するものである。国境や競技のルールなどの明確な枠組みがなければ、勝ち負けの問題ではなくなってしまうからである。勝ち負けの判定が避けられない場合はある。しかし、そうした場面を上手く限定するところに、争わない社会への工夫の急所がある。

競争環境にさらされている諸個人は、どのような回路で社会に争いを展開していくのか。身の回りの集団のレベルで争いを収めることができなくなるのは単に個々人の意図や思惑の結果ではない。個と集団を健全な形で再び結び直し、競争が争いへと転化しないようにするには、競争によって可能になると考えられてきた自立や効率といった価値観そのものを見直さなくてはならない。

次章で見る「分業」は、本来は人々を争いではなく、競争に駆り立てる重要なメカニズムであ

---

＊ インドと中国の国境線未確定問題は、曖昧さの効用を表す一例である。印中双方の主張は対立したまま長い年月が経過し、領土問題は決して「解決」に向かっているとはいえない。それでも、両国の国境問題は決定的な大規模紛争に発展することなく、ある種の安定を保っている（吉田二〇一〇）。

る。生産面での競争は、この分業に深く根差しているが、それは人々を結びつけるだけではなく、特定の人を排除する力にもなる。次章では、経済の発展に伴って人間の依存関係がどのような構造的変化を経験してきたのかを振り返ろう。

# 第二章
# 社会分業——特技を社会に役立たせる

蔡京《さいけい》（北宋時代の政治家）の台所は、色々な食品を作る部門に分れておったらしい。……かつて蔡京の包子厨《パオズ》におった厨娘（女料理人）が南の方に流れて来て、これをある士人が雇った。……饅頭《まんじゆう》が専門だそうだからまずは饅頭を作れと言ったところが、この厨娘が出来ないと断った。蔡京の包子厨におった者なら饅頭を作れないはずはなかろうと言うと、実は包子厨の中がまた分業になっておって私は毎日葱《ねぎ》を切っておりましたと言ったそうであります。——宮崎市定「中国における奢侈の変遷」

## 分業がもたらす弊害

分業とは、人々が互いを頼りにする仕組みである。他人の労働力を利用する社会的な仕組みといってもよい。「進歩した社会では、農民は農民でしかないし、職人は職人以外の何ものでもない」（Smith 1976: 9）。経済学の祖とされるアダム・スミス（一七二三—九〇）は、かの有名な『諸国民の富』（一七七六年初版）の中でそう指摘し、分業の社会的な重要性に光を当てた。分業が浸透すれば、生活を支える経済活動のすべてに従事しなくて済むようになるので、一つの仕事に打ち込む余裕ができる。分業は専門性の発達を促し、個々人が技能を発揮させる機会を提供しながら社会全体の富をも増大させるという議論である。それだけではない。分業は労働を単純なものに分解するので、教育水準の低い人でも何らかの仕事を請け負うことができるようになるとスミスは考えた。その意味で、分業は「発展の遠心力」であり、経済的な富を末端の個々人に分け与えていく原動力であると考えられた。

ところが分業が行き過ぎると、人々は各々の狭い専門の殻に閉じこもるようになり、互いのコミュニケーションは阻害され、本章冒頭のエピグラフに見た「ネギを切る娘」のような状態におかれる人が増えてしまう。ネギだけを切る生活そのものが悪いというわけではない。だが、饅頭の特産地の料理人がいつまでたっても饅頭一つ作れないという分業の徹底は、何か大きな弊害を生み出している可能性がある。

たとえば分業の縦割りが、働き手本人の問題を超えて、争いや暴力に利用される場合だ。第二次世界大戦時における原爆開発にかかわった技術者たちの分業はその例である。広島・長崎に投下された原爆の開発計画（マンハッタン・プロジェクト）で主導的な役割を果たしたロバート・オッペンハイマー（一九〇四–六七）は、終戦から二十年後に行われたインタビューで、戦時中の米国ロスアラモス研究所について以下のように語っている。

個々のグループはそれぞれ――実際に何をしていたのかはその時々によるのだが――重要なことをしており、一人ひとりの従事者はそれぞれ聞くに値する話をしてくれるだろう。彼らは部門に分かれて互いにゆるやかにつながっていて、各部門は運営組織に代表される。この全体の中で誰が一番頭の痛い問題を抱えていたのかは、ここでは語りたくないよ。*

オッペンハイマーの言う「頭の痛い問題」の正体が何であるかは、インタビューでは明言されていない。それはおそらく、緻密な分業によってつくり出された原爆を実用化するという恐ろしい決断に、首脳陣の一人として従事しなければならなかった彼自身の苦悩を指しているのだろう。総勢十三万人ともいわれるマンハッタン・プロジェクトの参加者の大部分は、自分の仕事が国の戦略的な活動に関係していることは知っていても、それが日本への原爆投下という具体的な目標に向けられているとは知らされずにいた（Blakemore 2019）。優秀な物理学者たちの心理状態は、当時、大学院生の一人として計画に参加していたR・ファインマンの次のような述懐に要約されている。

なるほど、ご立派な理由で、私たちは事（＝原爆の開発）をおっぱじめたのだが、さし当たっての問題をうまくやりとげようとけんめいに働いていると、それが楽しくもなり、面白

＊ Voices of the Manhattan Project〈https://www.manhattanprojectvoices.org/oral-histories/j-robert-oppenheimers-interview〉を引用者訳。

くて仕方がないことにもなる。そうなると、考えるのをやめてしまう、そう、プッツリやめてしまうのだ。

（藤永二〇二一、一九八頁）

分業の隠れた効果の一つが「考えるのをやめさせる」点にあることは、ファインマンの発言から読み取るべきメッセージである。原爆投下という悲惨な争いの背景には、他者への無関心と、関わり合いを禁じられた優秀な科学者らの存在があったことを忘れてはならないだろう。

Individual（個人）の原義は、「それ以上分けることができない」である。ただし、分業化が進んだ社会の個々人の作業内容はさらに細かな仕事に分かれていく傾向をもつ。分業が可能にした個人的な特技の開花と、その組み合わせによる社会的な効率性の向上が生み出す価値はとても大きく、社会全体の富を増やすことに貢献してきた。だが、分業の行き過ぎが生み出す目的感覚の喪失や思考停止といった歪みにどう立ち向かうのか、という問いに私たちはあまりにも無頓着ではなかったか。

本章では分業の歪みが顕著に問題化している医療や教育の現場を例に、これらの問いについて考えてみたい。分業を正当化する規範を論じる前に、まずは分業そのものの発達過程を見ておこう。

## 見えなくなる相互扶助

分業の発達は、市場経済が浸透した場所で顕著に見られる。そうでない地域では、一人の人間が様々な仕事をこなしている。たとえば私が一九九〇年代半ばに現地調査で滞在していたタイ中西部の村は山奥深くに位置しており、村人たちは自給自足に近い生活をしていた。村で一つの仕事に専念していたのは小学校の教師と寺の僧侶だけで、一軒しかなかった雑貨屋の店主も、商人でありながら農民でもあった。そんな村でふと疑問に思ったのは、村人たちがどこで髪を切っているのか、ということだった。*

このタイの農村の場合、後から分かったのだが、村には髪を切るのがうまいと評判の人がおり、この「床屋」もまた普段は農民であって、理容を専門に営んでいるわけではなかった。村の共同生活の中では、一人の人間が多様な仕事をこなす。収穫の季節には他人の畑仕事を手伝い、村全体の子供達の面倒を見、食事も分け隔てなく提供する。

このように身の回りの仕事の多くを「兼業」している社会とは対照的に、分業が進んだ社会では、一人の人間が原則として一つの仕事のみに従事し、その仕事が生み出す価値の交換によって社会が回る仕組みになっている。西欧文明を分かりやすく批判した著名な書籍『パパラギ』(一九二〇年)には、南の島から初めて欧州を訪れた酋長《しゅうちょう》が「職業を持つとは、いつでもひとつのこと、同じことをくり返すという意味である」と皮肉を込めて語る印象的な場面がある(ショイル

＊　日本では江戸時代にはすでに髪結いが一つの生業として成立していたようである。大量生産大量・消費の時代が到来する以前であっても、人が多く集まる地域ではすでに分業が進展していたのであろう。

マン二〇〇九、一〇六頁)。逆に分業の行き届いた社会は、労働者を使う資本家側にとって便利である。他人の労働を買い取り、自分の仕事をやってくれる機械も購入できるからだ。「もっと早く、もっと多く、もっと楽に」を希求する資本主義社会は、同時に、一人の人間がこなせる仕事の範囲を狭めて、個々の人間を自分の「特技」に集中させる社会でもある。

本章で言う「分業」とは家庭内で食事や掃除、子供の世話などを誰がどのようにこなすかという負担の分かち合いのことではない。個々の仕事の熟練が技能の向上につながり、いつしか特定の人にしかできないような仕事が、社会の中で職能として分化・発展していくことである。分業に肯定的な光が当てられてきたのは、労働の節約と人間の能力開花という経済的な効果に期待をかける社会的風土があったからである。分業は個々人の強みたる特技の発見につながる重要なメカニズムであった。

ここで興味深いのは、分業が最も浸透した社会では、逆に個々人の「自立」こそ、あるべき姿として高く掲げられることである。現在も読み継がれている米国の文筆家R・W・エマーソンの『自己信頼 *Self-Reliance*』(Emerson 1909)は、この発想を広めた最初期の著作であるし、第一章で見た英国のS・スマイルズ『自助論 *Self-Help*』も、近代的な個の自立が強調され始めた当時の英国と日本でベストセラーになった。個々人の特技に「市場価値」を与えて経済的な独り立ちを促すことは、生業が閉じた依存関係の下で決められていた時代の終わりと、開かれた選択肢の中から依存先としての仕事を選んでいく時代の始まりを意味する。前章での議論も踏まえると、

「発展の遠心力」とは、競争を推進力にして、富を生み出す担い手＝自立した個人を広範囲に育てていくことであった*。

このように個人化と富の分散が進む中で、人々の依存関係はどのように変化するのだろうか。日常生活を見ると、経済的に「遅れている」地域の人々の方がお互い助け合っているように見える。これに対して、分業が進み経済が発達した国では助け合いの範囲が比べものにならないほど広く、それに関わる人々の数も桁違いに多いために、「知らない人同士の助け合い」となって、その実態が見えてこない。つまり、発展した国の「自立」は、実際には依存関係の濃密化であると見るべきなのである。このように、依存関係が見えにくくなると、その重要性が忘れられやすくなる。

「個人の自立」は、人が分業体制の一部を担うことで初めて成り立つ。では、個々人が狭い範囲の特技に自分の可能性を押し込めていくにもかかわらず、なぜそれでも経済は成長するのだろうか。そのメカニズムを最初に明らかにしたアダム・スミスの議論に立ち戻ってみよう。

スミスは、「文明国の質素な平民が、未開部族で一万人をも従えるアフリカの王様よりまともな暮らしをしている」理由を、分業と作業工程の単純化による大量生産に見出す（Smith 1976:

＊　一九六〇年代の欧米では、富を生み出す担い手を企業家（エントレプレニュア）と呼び、伝統社会から近代社会への移行を促す企業家精神の有無が盛んに研究された。そこで近代社会への「離陸」に必要とされた重要な要件の一つが、伝統社会からの離脱をいとわない「自立した個人」の確立であった（たとえば Kilby 1971）。

16)。分業の生み出す富は、人間が決まった仕事ばかりをすることで人としての完全さ（integrity）を失っていったとしても、おつりがくるほどの恩恵をもたらす。しかも、単純化された作業工程は、障碍《しょうがい》のある人や病弱な人、子供を含む教育を受けていない人の労働参加を可能にする。未開時代であれば一人前の扱いを受けられなかったような人々が分業のおかげで自立の手段を手にできるのである（デュルケム 一九八九（下）、七〇頁）。分業はこのように、弱者にも恩恵をもたらす進歩の証として肯定的に評価されてきた。

## 「見えざる手」の真意

分業が市場の規模に応じて拡大していくのは、人々の性質に交換への欲望があるからだとスミスは考えた。「犬と犬とが一本の骨を（相手の犬のもつ）別の骨と、公正で熟慮した交換をするのを見た人などいない」（Smith 1976: 17）。スミスはこう言って、動物と人間の違いを「交換したい」という欲望の有無に見出した。分業は物欲を基盤にしているものであるから、条件さえ整えば第三者の介入がなくても普及するというわけだ。「条件」というのは、交換の対象と市場が十分に広がっているということである。人は他者との取引の中で、施《ほどこ》しに頼るよりも、欲しいものの生産に特化した人から交換を通じて入手した方が得になると悟っていく。多種多様な商品の出現は、人々の購買意欲を刺激し、所得をもたらすような仕事に就くよう促す。こうして人々の

「違い」は社会的に有用なものとなるというのがスミスの理論である。*

分業のメリットとは、労働者一人当たりが成し遂げられる仕事量の増大であった。スミスによると、分業が効率につながるメカニズムは次の三点である。①労働者個々人の技能の向上、②分業していない場合（一人が多くの作業を自分自身で行う場合）に生じる、作業と作業の間を移動する時間の軽減、③機械の発明の促進（職人は一つのシンプルな作業に注目するので省力化のための工夫を見出しやすい）。

このように各々違った仕事に従事する人々は、一つの仕事に特化することに伴う不完全さをいかにして補い合うのか。スミスは言った。「文明社会では、人間は、つねにきわめて多くの人々の協力や援助を必要としているにもかかわらず、生涯を通じてわずか数人の友情を勝ち得るのがやっとである」。それにもかかわらず人間同士の集まりが社会として成り立つ秘密を、スミスは「見えざる手（invisible hand）」に求めた（Smith 1976 [1776]: 18）。「見えざる手」は有名だが、スミスがそれをどんな文脈で使ったかはあまり知られていない。そこで、原文をたどりながら「見えざる手」の真意を確認しよう。**

＊　もちろん、これは人々の生み出す違いが、その時々の社会で評価される「商品」になるという大前提があって初めて成り立つ考え方である。

＊＊　後にスミスだけでなく市場経済の働き方を表す代名詞にもなった「見えざる手」は、『諸国民の富』に外国からの商品の輸入と国内における代替可能性を論じた一カ所のみで登場する。

……（商）人は一般的に公共の利益を促進しようと意図しているわけではないし、それがどの程度促進されているかも知らない。外国産業よりも国内産業の支援を好む彼は、たんに自分自身の安全を意図しているにすぎない。そして、その生産物が最大の価値をもつようにその産業を方向づけようとする彼は、他の場合でもそうであるように、見えざる手に導かれて自分の意図にはなかった目的を推進することになる。（Smith1976: 477、引用者訳）

身の回りの人やモノへの依存ではなく、遠く離れた人やモノへの依存が市場というシステムを介して結びつくことで、「知らない人」は互いに助け合う相手になる。市場メカニズムとは、言い換えれば、無意識の依存関係の働きなのである。差異化によって他者よりも高い価値を身にまとおうとする個々人の欲望こそ、社会全体の物質的な条件を結果として豊かにするという逆説を見事に言語化したのがスミスであった。

「見えざる手」の論理は、人間の自己中心的な欲望の追求が顔の見えない他人への依存を深化させるメカニズムを明らかにした。このメカニズムは、経済発展の裾野を広げる遠心力として大きな役割を果たしたのである。

## 人々を引き離す分業

しかし十九世紀になると、個性の発揮を可能にしてくれるはずの分業を、個性を抑え込む搾取の手段と見なす議論が登場する。分業は本来、直接は知らない人間同士が互いの労働を補完しあう包摂的な効果をもつはずであった。だが、実際の労働過程では、細かく分かれた単純労働を低賃金で強いるような事例が相次ぎ、分業と格差・疎外の問題が指摘されるようになったのである。

中でも、経営者らが性別や年齢、教育水準などの属性の違いにつけこんで労働者を搾取している現実を問題視したのがカール・マルクス（一八一八―八三）である。分業は、細かく分かれた作業の成果を取りまとめる人がいて初めてシステムとして意味をなす。つまり、作業の成果が集約され富となることばかりに注目していると、作業に従事する個々の労働者が払っている犠牲に目が向かなくなってしまう。この点を突くマルクスの分業批判は容赦がない。

> ……われわれは、機械類が婦人労働、児童労働を取り込むことによって、いかに資本の人間的搾取材料を増やしていくか、また機械類が労働日を節度なく延長することによって、いかに労働者の全生活時間を没収していくかを見た。そして最後に、ますます短時間に大量の生産物の供給を可能にする機械類の進歩が、ついには各瞬間ごとにより多くの労働を放出させ、労働力の搾取をますます高密度化するためのシステマティックな手段として用いられる様子を見てきた。
>
> （マルクス 二〇〇五、七四頁。強調は原文）

マルクスは、いったん機械が発明されてしまえば、今度は人の側がそれに従属せざるをえなくなると考えた。現代でいえば、ＡＩ（人工知能）に本来の機能を発揮させるために人間がデータ集めに汗をかくような場合がこれにあたる。機械は人間の働き方を規定し、人間の個性を輝かせるどころか、かえって人間を画一的な搾取の対象に仕立ててしまうというわけだ。ここには、働く労働者が単純労働に従事することで、やる気や生きがいを喪失するという心理面での問題も含まれる。

そもそも大量の商品を生み出す資本主義的生産は、搾取する／搾取されるといった資本家と労働者の間の階級格差を必然的に伴うものであろうか。この問いに取り組んだのが、長く新古典派経済学の批判者であり続けてきたスティーブン・マーグリン（一九三六－　）である。彼は「生産者はいつから生産過程における支配権を経営者層に譲り渡したのか」と問うた。

マーグリンの答えはこうである。資本主義システムにおける大規模な分業の下では、労働者の作業は非常に専門化し、互いに細分化されているために、個々の労働者は自分一人で「完成品」を作ることができない。そのため、誰かが個々人の仕事を一つの完成品にむけてまとめあげる司令塔のような役割を果たさなくてはならない。そこで登場するのが資本家である。生産物の総量が拡大すると、労働者の分け前は増える一方なので、誰がどれくらいの利益を得ているのかという格差が隠れて見えなくなってしまう（Marglin 1976: 20–21）。こうした状況が、自らの下に労働者を呼び集める権力を資本家に与える。＊労働者同士の依存関係を切断し、個々の労働者が直接に資本家へ依存する仕組みが、経営者が思いのままに支配するには望ましかった。

分業によってつくり出される仕事の質も人間同士の依存関係に影響を与える。分業論は「人間にはふさわしい仕事がある」という前提の上に立脚してきた。文明論で著名なハラリは、近年のＡＩの発達を見ながら、多くの仕事がＡＩを備えたロボットに置き換えられたとき、人間の労働はまだ必要とされるのか、と問うた。搾取や専制には抵抗できるが、労働の「不要化」に抗《あらが》うのは難しいとハラリは言う（Harari 2019: 9）。ＡＩの発達は「必要な人間／不要な人間」という新たな分断を生み出すのかもしれない。

人を無用化するのはＡＩだけではない。人類学者のグレーバーは、彼が「ブルシット・ジョブ」と呼ぶ、働き手本人さえも必要性を感じていないような仕事が様々な業界で生み出されている実態を研究した＊＊（グレーバー 二〇二〇）。彼によると、誰かを偉そうに見せるためだけの仕事、相手が必要としていない商品を売り込む広告業、部下の監視だけが仕事になっている中間管理職などがブルシット・ジョブの典型である。

過度の分業と縦割りとが生み出す社会のストレスが生産性向上の陰でじわじわと浸透している

＊ マーグリンはあまりにイデオロギー的であるとして強烈な批判を受けた（Landes 1986）。しかし、マーグリンの貢献は分業と効率が隠しているものを論争のテーブルに載せた点であって、資本家に悪意があるかどうかという点ではない。

＊＊ 対照的に、人々の役に立っているという意識や誇りがありながらも、その働きに見合わない報酬しか得られない仕事を、彼は「シット・ジョブ（shit job）」と呼ぶ（グレーバー 二〇二〇）。

という自覚は、とりわけ先進諸国で広がっているようだ。労使関係における労働者や組合の弱体化、仕事の断片化による重複や無駄の発生、決定権の分散による責任の曖昧化などは、こうしたストレスの例である。* 大規模な生産システムに組み込まれて互いに引き離された人間は、仕事本来の意味を見失うだけでなく、互いの仕事に対しても無関心になる。そして、お互いへの無関心を放置すると、他者に対する不寛容な排除や争いが生じたときに、歯止めをかけられない。

ならば引き離された者同士は、どのようにして再び結びつくことができるのか。この問いへのヒントは、分業の流れに抗う人々の存在にある。分業と専門化という「自然の流れ」にあえて逆らうような動きは、行き過ぎた分業の危うさを直観的にかぎ取る人間の本能の表れではないか。では、具体例を見ていこう。

### 医療現場の「未分業」

医療の現場は、技術革新が最も顕著に進んでいる場所であると同時に、人の命を預かるという意味で責任の重い現場でもある。そんな病院での分業はどうなっているのか。手術室を例に考えてみよう。麻酔医や看護師との共同作業の中で執刀医が行うのは、「はさむ、しばる、きる」という手作業である。心臓や肝臓などの複雑な臓器はそれぞれの専門医が担当するが、その他の多様な部位の手術を行うのは通常一人の執刀医であり、臓器ごとに手術の分業が行われているわけではない。なぜ手術の作業者は手術士または執刀士ではなく、長期の一般的医学教育を受けた医師でなければならないのか。

この問いに取り組んだのが、技術史を専門にする中岡哲郎（一九二八―　）である。彼は手術室での仕事が「未分化」にとどまっている理由を「医療行為の中には「事前にわからない部分」が必ず含まれている」という点に見出す。手術の場面では、開腹してみて初めて分かることがある。その不確実性に対応するためには、特定の臓器の執刀に特化した執刀士に仕事を任せてしまうのではなく、長期の一般的な医学教育を受けた医師に執刀させる必要がある。人間の身体は千差万別であり、突然に異変が起こりうる。そうした場面で「医師は何よりもまず、患者の前段階の認識からきりはなされてはならない」（中岡　一九七一、一八九頁）。こうした職務環境は医療に一貫した流れを要求し、一人の医師が一人の患者に向き合うという、分業の抑制を求めているという解釈である。

こうした中岡の観察は五十年以上も前のものであり、その後の医療技術は長足の進歩を遂げた。特に画像診断の進歩により、現在では事前の精確な知識を踏まえた執刀が可能になってきている。

＊　マルクスが理想としたコミューン社会は、分業による「専属的活動範囲」を人に押し付けないような社会であった。そのようなコミューン社会では、「朝に狩りをし、午後に漁をし、夕方に家畜の世話をし、食後には批判する。しかしだからといって狩人、漁師、牧人、批評家になることがない」（マルクス二〇〇八、七一頁）。共産主義を受け入れない人でも、こうした生き方の選択肢があることに賛同する人は多いであろう。

それに合わせるかのように臓器ごとの専門分化、疾病ごとの専門分化、技術・治療方法の専門分化も大きく進んだ（上林・山内 二〇一八）。とはいえ、事前診断の画像も静止画像であって、臓器の動きや、体の他の部分との関連などは、やはり開腹してみなければ分からないのだという。*

分業に関して医療界を震撼させた出来事が、一九九九年一月十一日に横浜市立大学病院で起こった患者の取り違え事故である。この事故では、それぞれ心臓と肺に疾患を持つ二人の患者が誰にも気づかれないまま入れ替えられて手術されてしまった。当該病院による「医療事故に関する中間とりまとめ」は、事故の最大の原因を「臓器別診療中心の医療行為に目を奪われ、ともすれば医療の基本である「全人的医療」を軽視する傾向」にあったと認めた（横浜市立大学医学部附属病院の医療事故に関する事故対策委員会 一九九九）。厳しい言い方をすれば、臓器は見ても人は見ていなかったということである。この事故は、医療者の「チーム」のあり方、つまり分業のあり方について活発な議論を生み出す一つの契機になった（細田 二〇一二）。

近年、複合的な病を抱えた高齢者の急増に対応すべく、総合診療が一つの「専門」として新設されたことは、分業の歪みを医療業界自らが問題視していることの表れである。現実問題として、近くに大きな病院がない離島などの地域では一人の医師が幅広い判断と治療をしなくてはいけない。医療の業界における総合診療医という職種の登場は、分業が生み出しうる目的意識の喪失に対する一つの答えであると解釈してよい。

## 教育現場の「未分業」

専門研究者によって構成される大学も、分業と縦割りの課題に長く向き合ってきた現場の一つである。大学は、時に方向感覚を失うほどの知の分断に直面している。建物は「学部・学科・部門」などによって分かれ、同じ学部の教員同士でもお互いが何をしているのか、ほとんど知らないし、その余裕がない場合が多い。** このような状況にあって、ほとんどの教員が教育と研究の両方をこなしている点は興味深い。*** 研究と教育という性質の異なる業務は完全には分化しておらず、それぞれの教員がどちらも担っているのである。研究と教育の間のつながりが想定されていること

* 現在の医療現場に関する記述は、水戸赤十字病院麻酔科の根本英徳氏、東京大学医学部の小山博史教授への筆者によるインタビューから得られた情報に基づく。記載した解釈は筆者によるものである。

** デュルケームはド・カンドールを引用して、ライプニッツとニュートンの時代には学者たちが「天文学者であり、物理学者であり、詩人でもあった」ことを顧みて、「学者は、もはや同時に種々の科学を研究しないだけでなく、一科学の全体をさえも、もはや包括的に研究することはない」と指摘した（デュルケム一九八九〔上〕、八二―八三頁）。

*** 現実には、研究でも教育でもない管理業務の比重が大きい。私が大学に勤務し始めて驚いたことの一つは、大学入試共通テストの試験監督を教授たちが行っていることであった。こうした中で、教えることだけを業務内容とする「Teaching Professor（授業専門教授）という職種が米国で生じていることは示唆的である。ただし、この職種は、教える技能に長けている人に振り向けられる仕事というよりは、終身在職権（テニュア）をもたない人に教務負担を押し付ける仕組みとして機能しているように思われる。

と、そして、教育者よりも研究者が上位であるという暗黙の格差構造を忌避する意識が、そこには働いているのかもしれない。

研究と教育をつなぐ何らかの「流れ」に関して、先述の中岡は次のような鋭い指摘をしている。「一つの研究過程を仮に着想→問題化→解決というふうに段階づけることが可能であるとしても、その一つ一つを別の人間が分業するということは有効でない」(中岡 一九七一、一八六頁)。これは、たとえば授業を通じて自分のアイディアを学生にも分かるように説明する過程で教員自らがアイディアの意味を明確に自覚したり、学生からアイディアを得たりするプラスの相互作用を念頭においた指摘である。

教育現場における分業が未発達なのは、作業を行う当人にしか見えない部分が仕事の成否を分けている面があるからではないだろうか。本人にしか分からない仕事については、工程を分割して別の人に任せることができない。たとえば、教員は学生には見えにくい研究活動の中から、学生の理解度に応じた題材を選び出し、授業で使う。ここで分業化が徹底されないのは、一つの仕事を構成する一連の作業が互いに分かちがたく関係しあっているからである。

ここまで、分業が最も進んでいてもおかしくない現代文明における医療や教育の現場で、むしろ分業に歯止めをかける力が働いていることを見てきた。これは、医者と患者、教師と学生など人間同士が接する場で、人々が直感的に分業の歪みを察知した結果として生まれたものなのである。

## 想像力による規範の回復

過度な分業の何が問題なのか、改めて考えてみよう。重大な弊害の一つは、人が依存先としての一つの仕事から他に移れなくなるという不自由さである。依存先が固定されて選択肢が閉じた状態になると、人は他人を気にかけようとする動機を失う。依存先を自分で選べていなかった場合はなおさらそうである。しかも、全体から切り離された仕事はその意義が見えにくくなるため、それに従事する人は視野が狭まり、日々の作業を惰性でこなすようになる。労働から目的が見失われれば、人は満足の源泉を所得にしか見出せなくなり、仕事の世界の外側にある社会への関心もやせ細ってしまう危険性がある。硬直的な分業システムのもとにある人々は、その視野の狭さゆえに、自分の持ち場を超えて生じる問題や争いの兆候にも気づかず、それがエスカレートするまで放置してしまうのだ。過度の分業が社会への無関心と、他者に対する不寛容を助長するのであれば、争いの芽を早めに摘み取るために、分業による効率化への注目によって見えなくなっている部分を直視しなければならない。

過度の分業が生み出す犠牲の実態は、犠牲の集中しやすい当事者の声を聞かなければ分からない。というのも、「効率化」されている分業システムの全体を見るだけでは、特定部分に集中する負担と歪みは見つけられないからである。これまでの例に則して言えば、医者と患者の対話、教員と学生の対話を豊かにしていくことが一つの方法である。そうした対話を通じて、医者は患者の生活習慣や病歴を参照しながらその人にふさわしい治療方法を選び、教員は学生には見えない研究活動の中から、学生の熟度に適した素材を授業のために引き出すことができるようになる。これらの業種における過度な分業にどうにか歯止めがかかっているように見えるのは、一つの仕事を構成する一連の作業が互いに分かちがたいからである。

高度に分業化された社会で人が働く目的は、働き手自ら考え出したり気づいたりするというよりも与えられるものであると思われがちである。争わない社会をつくるには、社会の構成員一人ひとりが大きなシステムの一部分としての役割を果たしながら、なおかつ自分なりに仕事の意義と目的を設定できる環境を整えなくてはならない。それは一人ひとりが自分の経済的満足度だけでなく、他人の仕事にも関心をもてるような社会である。分業の弊害を意識しなくてはいけない理由はこれである。

## 雑用係は何の役に立っているか

ところで、自分で自分の仕事の方向性を決める自由は、社会的・経済的に恵まれた人にしか認められていないという見方がありうる。しかし本当にそうだろうか。この問題を考える手がかりを、病院組織で最も周縁にいると見なされがちな「ポーター」と呼ばれる雑用係に関するフラーとアンウィンの研究から読み取ってみよう（Fuller and Unwin 2017）。部屋や廊下の清掃、検体回収と院内配送などの業務は、一見すると病気の治療という病院本来の業務からは遠く離れているようにも見える。*しかし彼らの研究から得られたのは、患者の立場から見ると、ポーターや清掃員の採用時に示される業務内容に何ひとつ書かれていないようなことこそが患者のケアに貢献しているということだった。たとえば、何気ないおしゃべりを通じて患者に共感する力や、どのタイミングでどの場所を掃除するかを判断する経験知などである。この研究の新味は、それまで全く別の役割を期待されていたはずの「雑用係」が、患者の心にかかわる部分で医師や看護師とは異なる有意義な役割を果たしていることを発見した点にあった。ポーターの行為は「他者への関心」に動機づけられていることも分かった。ポーターが患者という他者に関心を持つ根本には、他者への想像力がある。これこそが争いの兆候を放置させない重要な要素になる。

分業という経済的な手段は、そもそも何を目的としたものだったのか。明治・大正・昭和初期に歌人・思想家として活躍した与謝野晶子《よさのあきこ》が社会分業について書いた次の文章はここで思い出しておく価値があるだろう。

正当な社会的分業ということは、一切の人類が心的及び体的の実力を以て、文化生活の維持

---

* 日本では准看護士や看護助手と呼ばれる職種の人がこうした業務を行っている。欧米ではポーターが別職種になっているのに対して、日本で大きく「看護」の分類に入っているのは、日本の病院の一般的な人員不足がそうさせている可能性がある。

と増進とに必要な労作を分担することです。この労作には精神的のものもあり、物質的のものもありますが、前者が高等な労作であり、後者が劣等な労作であるという差別はありません。私は文化生活に役立つ上において等しく相対的の価値を持っているものであると考えます。
（与謝野 一九八五、二九二頁）

私の言う「想像力」とは、与謝野の言う文化生活を下支えする力である。本書のテーマである「争い」との関連でこの力を定義しなおせば、「争いがちっぽけなものに見えるような目覚め」ということになりそうだ。こうした目覚めは、様々な仕事に対する理解と他者への関心に立脚している。

## 依存先の開発へ

本章をまとめよう。分業は行き過ぎると三つの弊害を生む。第一に、分業の担い手たちの目的意識の喪失、第二に、立場の弱い人が条件の悪い仕事に追いやられて、そこで固定されてしまうことに由来する格差構造、第三に、経済的に有益な特技（＝強み）だけが分業の各部分としてシステムに組み込まれるために、弱さを補い合う共同体の機能が弱体化していくことである。

このように、分業の仕組みは決して水平的で平等な仕組みではなく、条件の悪い仕事を選択肢の少ない人々に押し付けるなど、有利な仕事の奪い合いという性格から争いの温床になる。組織の規模が大きくなるほど、この傾向は顕著になる。もちろん、競争社会への参加を避けるようにして、あえて単純労働に従事する人もいないわけではない。だがその人々にとっても依存先が狭まるのは苦しいことであるはずだ。

ならば、閉じた依存関係を解きほぐして、依存先を開いていくにはどのような方法があるか。従来の一般的な考え方では、一人ひとりの能力を拡張し、より「自立した人間」にしていくことを目指す。しかし、もっと重要なのは、そうした自立を下支えしている労働環境そのものを法律によって守ったり、何らかの理由で社会からこぼれ落ちてしまった人が暮らしていけるように保険制度などのセーフティーネットを整えたりすることである。当人の能力だけではなく、その人が依存できる組織や制度、つまり依存先をも同時に考えなくてはならない。

本章のエピグラフは、饅頭作りを専門にする料理人がネギを切る技術・能力しか持たなかったという逸話であった。彼女が自立を望むのであれば、訓練して、一人で饅頭を作れるようにするのがよいのかもしれない。しかし、もしそうなったとしても、彼女の生活のすべてが、饅頭を買う顧客にのみ依存し、他の生業につく可能性を閉ざされているとすれば、彼女の「自立」は限定的なものにとどまる。

ここで問うべきは、どのような力が彼女をそうした立場に追い込んだのか、ということである。それは、人を限られた特技にはめ込んでいく分業の力であった。問題は、依存先を選べないという点にあるのだ。依存先を選べない人々は、支配する者に従属せざるをえない。

アダム・スミスは「分業は人間の交換性向によって生まれる」と言った。ならば、こちらが交換したくなるようなものを相手が持っていないときはどうするか。世界は誰もが互いに交換したいものを作れるほど平等にはできていない。戦後の国際社会におけるこの問題への答えは、持たざる国の経済開発を進めて、誰かが交換したがるようなものを作れるようにする、というものであった。

次章では、途上国の人々の生活水準を向上させ、「自立」へ向かわせる手段として戦後の国際社会が編み出した対外援助に着目する。対外援助は、様々な人間集団の関係をどのように変化させてきたのだろうか。この点を紐解きながら、依存先を増やすことの意味を考えてみよう。

# 第三章
# 対外援助——与えて生まれる依存関係

……反政府勢力の脅威にさらされている地域における生活水準の向上と全般的な経済発展ができれば、人々は反政府のプロパガンダや構成員への誘いに乗りにくくなる。特に村落に直接インパクトを与えるような開発プロジェクトを介して政府が人々を気にかけている証拠を示せれば、政府のイメージはよくなり、人々は政府に対して一層忠実になるに違いない。

——米国国防省「開発組織とプログラム」

## 援助はなぜ終わらないのか

欧米諸国で最初に始まり、やがて日本にも及んだ近代化の波は、自立と自由競争の価値観をその中心に据えて、一九六〇年前後から今度は発展途上国へと急速に広がった。多くの途上国では政府自ら国家開発計画を策定し、「上からの開発」が加速する。長く植民地とされてきた途上国にとって、欧米諸国からの自立と国民統合は悲願であり、貧困削減や経済成長といった「発展／

開発」はそのための手段でもあった。先進国から途上国へ、都市から農村へという「発展」の遠心力を後押ししたのが対外援助（foreign aid）である。*

戦後、共産主義勢力が広がりつつあったタイでは、政府が道路やダムといった開発のもたらす豊かさをテコにして大衆を政府側に引き付けようとした。それは、先進国から多大な援助を受けながら、米国の反共戦略と歩調を合わせるようにして行われたのである。たとえばエピグラフに引いた文章は、米国が一九六〇年代の東北タイで貧困削減を行っていた真の理由を如実に表している。人々の生活水準の向上は、それ自体が目的なのではなく、共産主義の撲滅こそが究極の狙いなのであった。

援助と開発は共産主義の撲滅という目的を超えて、援助を行う国、受ける国の両方に影響を及ぼす。特定の他国の社会課題に、積極的に援助を「与える」ことを通じてかかわろうとする行為は、自ら進んで依存関係をつくる行為でもある。ところが、援助の理念は「相手国の自立」であるとされ、しかも肝心の「自立」の中身はほとんど問われないのである。

身近な例で考えてみよう。ある兄弟が一つのおもちゃをめぐって喧嘩をしているとする。親がこの争いを治めるには様々なやり方があるだろう。年長の子供に譲るように説得したり、遊ぶ順番を決めさせたりすることも可能だが、なかなか面倒である。弟には別のおもちゃを与えることを約束して、その場をしのぐのが手っ取り早いと感じる親もいるだろう。

だが、もともと兄弟の間に兄がおもちゃを独占するような恒常的な「不平等」があった場合はどうだろう。それを知らない親の場当たり的な介入は、元から存在する不平等を助長してしまう。そして弟の方は、喧嘩をすれば新しいおもちゃがもらえることを覚え、喧嘩の根本原因になった兄弟の格差はそのまま放置されてしまうかもしれない。

親がその時々に子供に「与えるもの」の影響は、その場限りの一時的な利益や負担の分配からは見えてこない。それは、過去から引き継いだ関係性の延長線上にあると同時に、未来の親子関係にも影響する。言い換えれば、これからの親子関係は、それまでの兄弟／親子関係がどうであったかに左右され、毎回の「与える／受け取る」かかわりの中で、その都度、更新されていくのである。

本章が扱う対外援助は、このような個人レベルでの「与える／受け取る」関係が国家同士の関係へと拡張されたものであると考えてよい。もちろん、国家同士の関係は、個々人の関係よりも重層的で複雑である。それでも、援助の目的と援助がもたらす効果においては、共通の特徴がある。親が子供の自立を願って支援するのと同じように、対外援助とは、豊かな国家が貧しい国家に資本や技術を「与える」ことを通じて相手の国や人々の自立を支援する行為であると考えられてきた。ここで言う「自立」とは、人々が経済的な意味で自分の足で立つという意味にとどまら

＊　本章では、必ずしも相手国の「開発」を目的にはしない緊急支援、軍事支援なども視野に入れているため、あえて「対外援助」という言葉を用いる。ただし、今日の日本で一般的に流通している開発協力や開発援助と厳密に区別をしているわけではない。

ず、自己決定や尊厳といった、自由主義の根源となるような概念を背景にもつ考え方である。「依存」は、こうした自由主義の発想に逆行するからこそ忌み嫌われるのである（Ferguson 2015: 162）。

ところで、世界全体で見ると貧困が減っているのに、それでも援助がなくならないのはなぜだろう。一九九〇年に、国連は二〇一五年までに世界の絶対的貧困者の数を半減させるというＭＤＧｓ（ミレニアム開発目標）を掲げたが、それは目標年より三年も早い二〇一二年に達成された（McArther and Rasmussen 2017）。にもかかわらず、世界のＯＤＡ（政府開発援助）の増額傾向は着実に継続している（Ahmad et al. 2022）。

ここで援助が相手国の自立ではなく、依存関係の深化を目指していると考えれば、援助がなくならない理由はすっきりと理解できる。援助に依存しているのは、援助を受け取る相手国というよりも、援助を与えている側である可能性も見えてくる。これまで、援助が貧困などの課題解決に効果的であるかについては散々問われてきた。しかし、与える側が何を受け取っているかという視点が議論の表に出てくることは少なかったのである。この視点を掘り下げると、長く援助のスローガンになってきた「自立」の中身がその姿を現わす。

「相手の自立を目指す」という名目は、援助を与える側の狙いを見えなくさせる働きをしてきた。援助とは、まずもって相手の依存を呼び込む行為である。だからこそ援助は、貧困削減、民主化、環境保護などと名目を変化させながら止むことなく続いてきた。国内に深刻な貧困問題を抱えている中国やタイ、ブラジルなどの中進国が二〇〇〇年代に一斉に援助を与える側に回るようになったのは、援助が貧しい国の課題解決のためだけに行われているわけではないことの証左である。

依存は助けを必要とする人々だけがつくり出す関係性ではない。歳をとった親の面倒を子供が見るというのは、ある意味で自分が受けたものを、助けてくれた当人に返す行為である。ところが年金や介護保険といった国の制度は、若い世代全体が高齢者を支える仕組みであり、高齢者本人に子供がいたかどうかにかかわらず金銭を受け取ることができる仕組みなのである。このように依存の仕組みは依存する本人の来歴や属性に左右されないこともある。

これと同じように対外援助の場合も、助けてもらった相手の国に直接返礼をするわけではない。たとえば戦後の日本は米国による多大な援助を受けたが、だからといって後年、それと同等の物資を送り返したわけではない。つまり、対外援助は厳密な意味での互酬ではないのである。このことが対外援助に独特の意味を与えている。かつて援助を受けていた日本のような国が、今度は日本に援助してくれた国ではないところに援助を送り出すようになる。この循環は世代と国境の両方を超えて「与えることと受けとることの諸関係のネットワーク」をつくり出しているのである（マッキンタイア 二〇一八、一三七頁）。

日本はかつて世界最大の「与える国」であった。一九八九年にODAの総額でトップドナーとなった日本は、その後も屈指の援助国としてその地位を不動のものにしてきた（下村 二〇二〇）。ところが、そのODAを下支えしてきた日本経済は衰退し、ODA額そのものも米国やドイツ、英国に抜かれることが多くなった。欧米だけではない。援助国としての中国の存在感は二〇〇〇年代に入って急速に拡大している。そうした中で、自国の経済状況に問題が山積しているのにもかかわらず、なぜわざわざ途上国に援助するのか、という国民の声が聞こえてきても不思議ではない。だが、この問いは援助の受け手の方しか見ていないことからくる偏った問いである。援助に関しては、すでに述べたように受け手側だけでなく、与える側にもたらす影響を併せて考えなくてはならない。

このあと見るように、途上国に向けて送り出した対外援助を通して多くの利益を得てきたのは、他ならぬ日本であった。* ここでの「利益」には、取引ごとに生じる実利だけでなく、継続的に「日本を頼りにする」関係性の強化も含まれる。日本はこのメリットをテコに戦後の国際社会への復帰を果たし、与えることと受け取ることの連続の中で諸外国との間の依存関係を深めてきた。

こうした依存関係は、援助が入る前から援助の対象地域に存在した争いの種や抑止の工夫を刺激し、変質させうる。本章の目的は、「与える」という、一見すると一方的に見える働きかけによって作り出される新たな依存関係を明らかにすることである。そこから見えるのは、依存を無条件に否定するのではなく、「誰に依存するかを選ぶ力」にこそ争わない社会への道標があるということである。

## 誰のための援助か

対外援助のルーツの一つは、国益意識である。市場経済が発達した地域が、そうでない地域を新たな市場として見出し、自国産の商品を売り込もうとするのがその例である。十九世紀に入り、新たな工業製品が域内に大量に普及して豊かになったヨーロッパや米国は、アジアやアフリカ地域に自らの市場を拡張しようとした。不平等な貿易がまかり通っていた帝国主義の時代には、植民地側は自由に関税を設定できなかった。東南アジアで唯一植民地化を免れてきたタイですら、一八五五年のバウリング条約をもって関税自主権を失い、欧米との不平等な交易関係を強いられた**（柿崎 二〇〇七、一〇七—一〇九頁）。

共産主義勢力や米国との距離感に差があったとはいえ、多くの途上国は旧宗主国からの自立という重荷を背負わされたまま、それぞれの国の発展を目指さなければならなかった（末廣 一九九二、二七八頁）。そして独立を勝ち得た発展途上国は、米国とソ連が戦後秩序をめぐる競争を展開する中で、わずかでも自分たちの取り分を確保しようと援助の受け取りをめぐる新たなゲームへと自ら巻き込まれていった。

二十世紀前半までのアジア地域の国々は、すでに原料や労働者の供給地として世界市場に組み込まれてはいたとはいえ、先進地域が新たな製品を大規模に売り込むには、十分な購買力が整っ

＊　日本のODAが東南アジアの現場に与えた長期的な影響については、佐藤（二〇二一）を参照。

＊＊　この条約がタイにとってどこまで不平等であったのかについては、近年、新たな資料に基づく修正主義的な議論が展開されている（小泉 二〇二〇、リード 二〇二一）。

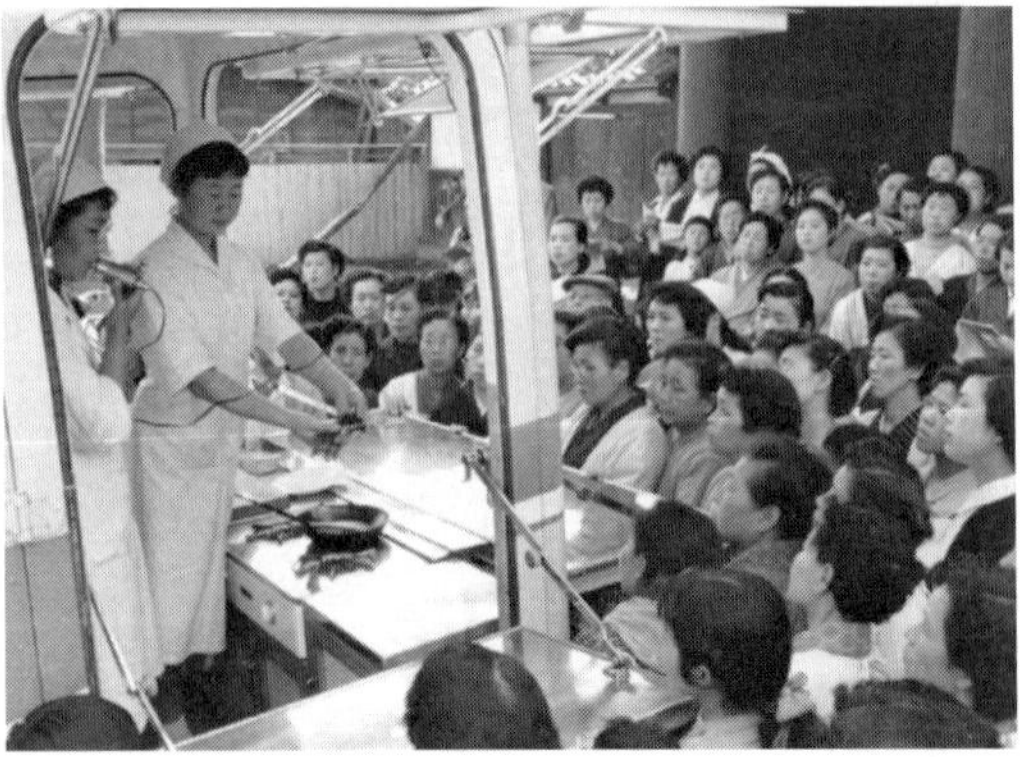

写真3-1　キッチンカーによる栄養指導。1957年頃、群馬県

ていなかった。そこに商機を見出したと言えるのが、第二次世界大戦後に東南アジアへの再進出を画策していた日本である。日本はアジア域内に安価な工業品を提供できる数少ない国であった。そして、日本自らの戦後復興にとっても工業製品の輸出機会は欠かせないと考えられるようになった。これから詳しく見る戦後賠償は、日本がこのメカニズムを利用して自らの経済成長を模索するまたとない好機になった。

終戦から数年間の日本人は生きるために必死であった。一九四七年の日本人の平均寿命は男性が五十歳、女性が五十三歳で、日々の食料も十分ではない国民が大多数を占めていた（厚生労働省ホームページ）。この状況にうまく入りこんだのが米国による援助である。米国で余り気味であった小麦を買い取る十分な外貨が日本にないことを知っていた米国は、日本向けの小麦や脱脂粉乳を「食糧援助」と呼んで無償供与した。それだけではない。米国はその代金相当額を「見返り資金」として積み立てさせた上、日本側が負担する米軍の駐留経費に充当させることで、食糧援助を安全保障政策とリンクさせた。いわゆるＭＳＡ協定（日米相互防衛援助協定、一九五四年）である。

ここで注目したいのは、この時期に「援助」の名の下で日本の対米食糧依存の体質が確立し、それに合わせて日本人の食生活も大きく変化したということである。

米国は日本の小麦需要を掘り起こすために各種の「栄養改善運動」を仕掛けた。「キッチンカー」と呼ばれる栄養指導車を農村各地に走らせて小麦の調理方法を教え広める全国行脚を行ったり（写真3－1）、コメと比べた場合の栄養上のメリットを主張する学者を担ぎ出したりした（ホプソン 二〇二〇、藤原 二〇一八）。その結果、給食におけるパン食の導入や、日本の小麦農家の衰退など、様々な面で影響が出た。このように、援助を通じて後発国の経済発展を促し、自国の生産物に対する需要をつくり出す戦略は、戦後の間もない段階で先進国の側に明白に意識されていた。援助が与える側にとっても実利をもたらすことは明らかだったのである。

与えることは、受け取ることとの関係の中に位置づけられて初めて、その全体が像を結ぶ。次に、日本が援助する側に回ってからの事例を詳しく見てみよう。

## 戦後賠償によって日本が得たもの

日本は戦後の数年間、間違いなく援助が必要な貧しい国であったが、同時に、戦争中に被害を与えた国々に対して賠償を行う義務を負っている国でもあった。つまり、日本は援助の受け取りと送り出しの両方を同時にこなさなくてはならなかったのである。

第二次世界大戦で完全に疲弊した日本が諸外国に「与えられるもの」はほとんど残されていなかった。そのため、侵略戦争への償《つぐな》いという名目で行われた日本の賠償には、自らに経済的な利益が返ってくるような工夫が巧みに埋め込まれた。[*] 日本側から見れば、そうせざるをえないほど経済は切羽詰まっていた。

そんな日本にとって幸運だったのは賠償の形式が日本に有利な形で決定されたことである。戦後賠償は、日本政府がフィリピンやインドネシアといった戦争被害国に「お金を渡す」という賠償ではなかった。[**]「支払い金」は、後述するように日本国内に還流していたのであり、実際に求償国の手に渡ったのは日本の生産物だった。のちに「商業主義的」と欧米諸国から批判される日本援助の特徴はこの時に形成された（Lancaster 2006）。

「賠償」とは、どんな仕組みだったのだろうか。連合国と日本の間で一九五一年に署名されたサンフランシスコ平和条約は日本の主権回復を認め、日本の賠償支払いの形式について「生産、沈船引揚その他の作業における日本人の役務《えきむ》を当該連合国の利用に供する」として「役務賠償」を規定した（岡野 一九五八、五四九頁）。これは第一次世界大戦の戦後処理において、敗戦国であったドイツの支払い能力を考慮しないまま現金賠償と実物賠償を課したために、結果としてナチスのような急進的な勢力を招来してしまったことへの反省を踏まえての方針であった（賠償問題研究会 一九六三、二二頁）。

日本は賠償協定をビルマ（一九五四年十一月）、フィリピン（一九五六年五月）、インドネシア（一九五八年一月)、ベトナム(一九五九年五月)と順に結んでいく。では、賠償交渉がまとまった後に、実際に支出された資金は、どのように流れていたのか。

具体的な手続きを見てみよう。まず求償国はそれぞれ、賠償事務を一元管理する賠償使節団を東京に常駐させる。ここが日本政府との交渉窓口になる。賠償手続きの一般的な運営手順はおおよそ次のようになっていた(林 一九五九、一三―一四頁)。

①求償国は毎年、どんな設備・資本を調達したいかをリスト化し日本側と相談。これが賠償の「年度実施計画」と呼ばれる。
②毎年の支払い財源の上限は、賠償対象国ごとに決まっているので、原則としてその範囲内で建設資材などの資本財の見積もりを実施計画に書き込む。
③実施計画が日本政府との間で合意されると、これに基づいて求償国の使節団が日本の業者

＊ 当時、賠償や経済協力という「与える」行為を「援助」と呼ばなかったのは、日本の軍事侵略を受けた地域に高飛車な態度を見せたくない日本政府の思惑があったからである(佐藤 二〇二一、二八頁)。
＊＊ 賠償交渉が始まった当初、東南アジア諸国からの請求額と日本側の提示額には大きな隔たりがあった(吉川 一九九一)。この隔たりを埋める力となったのは米国の意向である。共産主義の拡大防止のためにアジア各国に多額の援助を供与していた米国にとって、日本が東南アジア諸国への援助を肩代わりしてくれることは負担軽減につながるものだった。繊維、造船や機械に力を入れていた日本の民間主体の援助は、軍事援助に力点を置く米国にとって、まさに補完的だったのである(小林 一九八三、四頁)。

と直接に折衝して物資調達契約、役務契約などを結ぶ。ただし、どの業者を選んでよいか使節団がわからないときは日本政府に推薦を求めることもある。

④賠償契約が日本政府に認証されると使節団が指定する日本の銀行の口座に日本政府から契約金が支払われ、それを確認した求償国使節団が日本企業に支払う。この払い込みの完了をもって日本は賠償を履行したことになる。一連の決済は日本円で行われる。

右の手続きの①と③は特に注目すべきポイントである。求償国は希望品目を日本政府に申請するわけだが、ここで日本企業は相手国政府に対して事前の売り込み工作を行うことができるからである。なかには日本政府の承認を得るノウハウを伝授し、賠償計画書の作成を代行したケースもあったという。

ここで一つの疑問が生じる。なぜ日本政府が国内の業者から資本財を買い上げて、それを「日本の生産物」として求償国に供与するというシンプルな手順にしないのだろうか。

その背景には次のような事情があった。日本は相手国に無用な疑念を抱かせないように苦心していた。取引が日本政府主導となると、政府が品質の悪い品物を高い値段で求償国に押し付けているのではないかという疑念が生じかねない。戦後賠償の本来の趣旨に照らしても、そうした印象を国際社会に与えることは避けたかった。日本政府のこうした思惑が、複雑な賠償の手続きに反映されていたのである。

賠償実施の手順には、単なる印象操作にとどまらない実務的なメリットもあった。具体的な資本財をめぐる交渉を、求償国と契約者である民間企業に任せることができれば、日本政府は求償国側との価格交渉の手間を省くことができ、なおかつ外貨を使わずにすべての取引を日本円で決済できる（賠償問題研究会 一九六三、一〇〇頁）。のちに批判対象となる「ひも付き」という手法は、賠償が「役務および生産物」に限定された時点で、すでに埋め込まれていたのである。*

案件をつくる段階から日本企業が重要な役割を果たすという賠償支払いの方式は、その後の援助事業にも継承されていった（安藤 一九九二、三一頁）。何を与えるかは、受け取る側の要請に基づくとはいえ、その供給に伴って直接的な対価を得るのは、あくまで日本の企業であった。工業製品を賠償や経済協力の枠組みに乗せてアジア各国に送り込むことで、日本は東南アジア諸国との依存関係の基礎を形成することができたのである。**

ここまで見てきたように日本の対外援助は、戦後処理がきっかけとなって開始された特殊な国

* 特に求償国である東南アジアにまだ案件形成能力が十分に備わっていない時代に構築されたこの仕組みが、本来は求償国政府の行うべき案件形成を日本の商社が肩代わりする慣行をつくり出した点は見逃せない。

** 日本は賠償をテコにして繊維製品や金属製品などの販路を拡大し、終戦後三年で早くも戦前の貿易水準を回復した（丹野 二〇一八、一二四頁）。特に、日本企業による資本財の輸出は将来のメンテナンス需要、消耗品や交換部品へのニーズを喚起した。正規の賠償期間が終了してからも、たとえばビルマに対してバス、トラック、自転車、ミシン、家電などの日本からの輸出が伸びたことは、賠償が日本の輸出の尖兵として有効に機能したことを示す（丹野 二〇一八、一二五頁）。

写真3-2　(右) 賠償案件第１号となったビルマのバルーチャン水力発電所。1954年着工、1960年峻工
(左) ダム建設の準備のために掘削作業を行う人々

際協力活動である。それは日本の民間企業が提供できる製品の買い取りと輸出を「賠償」というスキームに乗せるための仕掛けであった。* 一九七〇年代に賠償の支払いを終えた日本は、時期を前後して、賠償により培われた経験と技術を原型として「無償資金協力」を始める（国際協力事業団編　一九九九：二六頁）。ＯＤＡは、このようにして賠償時に敷かれたレールの上を走っていったのである。**

### 援助受け入れ国の視点

援助をめぐる日本の姿勢を求償国の側はどのように見ていたのだろうか。一九五三年十一月のインドネシアの賠償調査団訪問に関する日本側の記録によると、当時、陳情に応対したアジア経済懇談会の委員である原安三郎は次のように発言して日本の窮状を訴え、賠償請求をかわそうとした。「日本は総力を挙げて戦つたため……一物もあまさず消耗し、占領時代米国の援助により辛うじてが《（餓）》死と凍死を免れた」、だから（過度に賠償を求めて）「金の卵を産む鶏（＝日本）を殺さないよう願う」。これに対してインドネシア代表団は次のように答えた。

　日本も生活が苦しいとのことであるがインドネシアの国民所得は日本のそれと比べものにならない程低い。……日本が戦災より現状まで立直つたことは、日本国民の努力に加えて米国の援助がある。これに反し、インドネシアの再建には他国の援助は皆無であつた。のみならず独立に際し、オランダの旧債を支払う義務も課せられた。金の卵の話が出たが、日本では

---

＊　写真3－2（左）は、「ビルマ・バルーチャン水力発電所開発関係資料について――日本工営地質調査技師・境田正宣のノートと写真」（『アジア・日本研究センター紀要』五号、二〇〇九年、九七－一一三頁）に示唆を受け、著者の原田信男氏に便宜を図ってもらい入手できた写真である。

＊＊　自国本位の援助を行っていたのは日本だけではない。米国は、反共プロパガンダを言葉だけで終わらせずに、そのメリットを実感してもらう手段として巧みに援助を利用していた。国際政治に関する冷戦期の最も古典的な教科書、ハンス・モーゲンソー著『諸国家の政治 Politics among Nations』が、プロパガンダを論じる節の中に対外援助を位置づけていることからも、この時代の援助が受け入れ国のニーズを基にして考えられていたわけではないことが明確である（Morgenthau 2006: 345）。

写真3-3　日本の賠償でつくられたホテル・インドネシア。1962年開業

百羽の鶏が千個の卵を生むのに対し、インドネシアでは二羽の鶏が十個の卵を生むに過ぎない。

（アジア経済懇談会 一九五四、四頁）

議事録を読む限り、この発言に日本側は反論せず、インドネシアの資源の開発に協力したい旨を申し述べる程度で会談は終わった。* 上記の会合に参加したインドネシア調査団員の一人は「日本産業の戦後の復興ぶりは驚嘆すべきものがあり、優に賠償を支払う能力のあることが解った。然《しか》るに日本の官吏は日本が戦前の経済的優位を回復した事実を認めることを嫌い日本人は未だ貧困の裡《うち》に生きて居ると主張している」と述懐している（倉沢 二〇一一、一六五頁）。戦前にインドネシアを統治し、同国の事情を知っていたはずの日本ですらこうした態度に転じてしまうことを考えると、経済協力がいかに「与える側」の論理になびく傾向が強いかが分かる。対外援助は受け取る側から見ると南北の格差を温存する植民地主義の延長線でしかないという不満は、その後、途上国の間でくすぶり続けた。

朝鮮戦争の特需によって大きな利益を得た日本はその後も順調な復興を遂げ、一九五四年には戦後最初の国際的な援助機構であるコロンボ・プランに援助国として加盟する。他方で、植民地支配から脱却しつつあった第三世界は、自立や自力更生の理念を掲げて国威の発揚に力を入れた。旧植民地の指導者らは、長きにわたる欧米諸国からの援助が自立につながらないどころか、かえってそれらの国々への依存を深めていると感じていたのである（西川二〇〇〇、二二一頁）。

一九五九年十一月十一日にインドネシアで開催されたコロンボ・プラン閣僚会議の場で行われたインドネシアのスカルノ大統領の演説は、当時の援助を受け取る側の心情を雄弁に語っている。スカルノは会議に参加した欧米の援助専門家らに、援助が注ぎ込まれる途上国の文脈、特に歴史に配慮する必要性を次のように訴えた。

> 皆さんの仕事は将来を計画することであるが、やはり過去についての知識は必要である。皆さんの仕事の相手は、過去を耐えてきた男女たちであり、皆さんが対象とする経済は他国の経済の踏み台となってきた経済であるからである。……経済、行政、教育制度、すべてが忌まわしい過去の利益のために捧げられていたのであり、それを理解することなしには現在も将来も理解できない。
>
> （アジア協会誌編集部 一九六〇、三〇─三六頁）

＊ 外務省は「日本はインドネシアと戦争をしたわけではない」という点を根拠にインドネシアに対する賠償支払いそのものに疑問をもっていた。この点が、その後の両国の間の溝となった（倉沢二〇一一、一六二頁）。

この言葉は、「与える」からといって、それが植民地の屈辱を耐えてきた人々の現実から目をそらすものであってはならないという重要な警告である。スカルノは、植民地から独立を果たした国々の経済がいまだに自立できておらず、先進国の援助に頼らなくてはいけない理由を問うている。途上国は、すでに先進国がつくりあげたルールに則って「発展」するしかない。スカルノの演説には、途上国側が経済環境を選べず、主体性を発揮できないことへの不満が凝縮されているのである。

こうした問題を内包しながらも援助がなくならないのは、それが与える側と受け取る側の依存関係によって下支えされていたからであろう。この関係を安易に「相互依存」と呼ぶべきではない。本来の相互依存であれば、関係者は二者に限定され、その背後にある力関係が見えにくくなってしまう。スカルノの演説は、まさにこの力関係を問題にしていた。歴史的に引き継がれた権力構造と出発点の違いを無視して、目前の課題解決に役立ちそうな事業を提案する援助の欺瞞《ぎまん》こそ、彼が暴こうとしたものだった。

このように、援助とは単なるお金や技術、資材の移動にとどまる話ではない。援助が単なる資源の「持ち出し」であれば、これほど広範囲かつ長期的な営みにはならなかったであろう。援助がつくり出す依存関係が、与える側にとって有利に働いていなければ、援助は長続きしない。対外援助が世界各地で継続されているのは、与える側も多くのものを受け取っているからである。

## 自立の神聖化と依存の実態

援助の仕事とは、とりわけ欧米においては、依存状況にある人をそこから脱却させ、自立させるために必要な訓練と機会を与えることであると考えられてきた。ここでの「自立」とは、社会の余剰にタダ乗りしたり、慈悲に甘えようとしたりする姿勢から脱し、一人の生産者として自分で稼げるようになることである（Ferguson 2015）。戦後の国際開発規範をつくってきたＯＥＣＤ（経済協力開発機構）のＤＡＣ（開発援助委員会）は、その主要任務（mandate）の一つに「援助に依存する国がなくなるような将来に貢献する」ことを掲げて、依存から抜け出すための援助を行うという立場を明確にしている。＊ だが、援助が無くなることで困るのは誰なのだろうか。

なるほど、援助を永遠に続けることはできない以上、援助が不要となる状態を見据えることは合理的だし、何よりも「自立」は欧米社会が追い求めてきた民主主義と自由とに合致した、説明のしやすい価値観だった。しかし、自立と依存の関係は、それほどシンプルなものではない。

日本の援助研究を長くリードしてきた西川潤（一九三六―二〇一八）は、援助における自立と依存の微妙な関係を問題視した先駆者の一人である。西川は言う。

＊　ＤＡＣホームページ〈https://www.oecd.org/dac/thedevelopmentassistancecommitteesmandate.htm〉、最終アクセス二〇二三年一月二十八日。

ところで、開発の推進者たちが、ピアソン報告から経済審議会報告に至るまで、つねに「自立」「自律的発展」を開発目的として掲げるのはなぜか、を見ておくことはむだではあるまい。

開発援助の送り手にとっては、受け手が自立していたのでは援助（＝いまの相互依存関係維持の手段）の存在理由がなくなる。援助の受け手は本質的に他者依存的でなければならない。（西川 二〇〇〇、二一〇頁。（ ）内は原文）

この見方が正しいとすれば、送り手にとっての援助は、矛盾した目的を内包することになる。一方では相手の自立を目指しつつも、他方で相手国が自分たちから離れないようにしなくてはならないからである。*

日本の援助を司る政府当局は、自立と依存の微妙な関係を早くから意識していたようだ。たしかに日本も表向きには「相手（国）の自立」を強調してきた（加藤 一九八〇）。しかし、慈善行為の延長として援助を位置づけてきた欧米とは異なり、日本の言う自立が、相手との関係性の上で考えられてきた点は注目に値する。海外との貿易に経済を依存していた日本は、途上国の運命が自らのそれと密接に運動していることを知っていた。その基本的な考え方は、一九八〇年代前半に執筆された通産省の内部文書「我が国の経済協力について」（第一部会特別資料 No.38）に如実に表れている。

第一に我が国の経済にとって直接の依存関係を有する重要な国々との間において、友好関係を維持強化するとともに、それらの国々との間の相互依存関係の深化を図ることが求められる。我が国が資源の輸入先、製品の輸出先、投資先として相手国が一方的に依存するのではその安定度は劣る。従って我が国も相手国にとって必要欠くべからざるパートナーとなるべく有無《うむ》相通《あいつう》ずる形で相互依存関係を構築していくことが、我が国経済の安定的発展に不可欠である。

「我が国の経済にとって」と始まるこの政策文書は、日本経済を主題にしつつも、「自分たちも相手にとって必要な存在にならなくてはならない」という依存関係を意識している点に特徴がある。後発国として援助を始めた日本ならではの経験に基づいた発想である。

本来の自立とは、依存先を自分で選び、主体的に配置できている状態であり、全く依存関係がない状態ではないはずだ。依存関係の全くない状態は、自立ではなく「孤立」である。日本は与えられることで依存関係が強化されるという実体験をふまえて、今度はそれを自らの援助政策にも反映するようになった。

ところが、欧米の主導する対外援助の世界では、慈善行為の延長としての「自立」が強調され

＊　対外援助は依存の永続化につながる国際的な福祉政策に過ぎない、という批判についてはLancaster（2006）を参照。

る傾向が強く、それが依存を悪いものに変えてしまう。しばしば蔑《さげす》みの意味を帯びて使われる「依存（dependency）」は、貧民や障碍者、高齢者や子供といった一見明白な弱者を対象とする福祉政策の場面で多用され、自立を良しとする価値規範を暗に上塗りしてきた（Fraser and Gordon 1996）。援助が依存からの脱却に役立つのか、あるいはその永続化につながるのかという論争は、いずれも「依存」を望ましくない価値として規定している点で共通している。

アリストテレスは「志の高い人」の特徴として「よくされることを恥とする」傾向を指摘した。もともと欧米の思想には、与える人が優れていて、与えられる人は劣っていると見なす伝統がある*。そうだとすると、依存の「悪魔化」の裏返しとして自立が神聖化されるようになったとしても決して不思議ではない。

## 援助と争い——現場の眼差し

スカルノが演説で援助の専門家に対して歴史を直視せよと進言したのは、援助が現在の課題に人々の目を向けさせることで、その課題が実は過去から引き継がれたものであるという発想が抑え込まれてしまうからである。現代世界における援助の配分を分析した研究によると、植民地をもっていたフランスなどの欧州諸国は、貧困や民主化といった開発課題よりも、自らの植民地であったかどうかを優先して援助対象と事業規模を決めている（Alesina and Dollar 2000）。この指摘は、植民地時代に形成された搾取的な経済構造が、独立後も対外援助を必要とするような条件をつくり出している可能性を示唆しているのである。

ここに争いと援助の一つの循環がある。争いは援助を呼び、援助は争いを呼ぶ。二〇〇一年から二〇一六年まで、対外援助と紛争の関係について包括的なレビューを行った研究によると、援助が暴力的紛争のきっかけになるメカニズムには、「サボタージュ」と「略奪」の二つがある(Zürcher 2017: 516)。サボタージュとは、援助がつくり出す政府と地域住民の協力関係を快く思わない反体制の組織が、暴力でその関係を壊そうとする場合である。略奪とは、援助で追加的に投入された資源を反体制勢力が奪い取ってしまい、その場所ですでに生じていた紛争を長引かせたり、武装勢力間の競合を刺激したりする場合である。このような場合、資源を投入する援助は、火に油を注ぐ行為になりかねない**(Anderson 1999)。

＊　アリストテレスは『ニコマコス倫理学』でこう言っている。「(志の高い人は)自分が他人のためにしてあげたことならよく憶えてもいるものだが、他人から何かよくしてもらったことは憶えていないように思われる……自分の親切の話は耳にするのも快いが、自分が受けた親切の話は聞くのが不愉快なものであるように思われる」(アリストテレス 二〇一五、二八二頁)。

＊＊　その意味では、日本が先進諸国で唯一、武器輸出を行わない援助国であり続けてきた点は再評価されてよい。武器輸出三原則の堅持は、人権や民主主義を謳って援助をしながら武器輸出を続けてきた欧米ドナーと日本を大きく区別する点であった(下村 二〇二〇)。ただし、武器輸出三原則は第二次安倍晋三政権以降において緩和され、近年は非軍事目的という前提でODAによる警備艇などの支援も認められるようになった。

スケールは小さくなるものの、援助が争いの原因になるのを防ごうとする人々を見たことがある。二〇〇四年にスマトラ沖地震の被災地となったタイ南部には、「援助を断る」コミュニティがあった。ありがたくもらっておけばよいと思える援助を、わざわざ断るとはどういうことか。話を聞いてみると、過去に受け取った援助が村人たちに平等に分配されず地域社会に不和をもたらしたため、平等に分配できない援助は受け取らないことを自分たちで決定したという。「援助を断る」という決断は、コミュニティ内部にもともとあった依存関係の安定を重視する意思の表れである。

争いと援助の関係で決定的に重要なのは、援助が入る以前の社会状況や地域の人々の相互依存関係のあり方である。先述のサボタージュや略奪は、既存の社会における集団間、民族間の信頼の不足や敵対意識によって誘発される。そうした状況に放り込まれる「援助」が暴力を生み出したとしても、それは潜在的にそこにあった関係性が顕著な形で現れ出たに過ぎない。「与え方」だけを工夫しても争いが解決しないのは、受け取る側に複数の主体がいて、その主体同士が特殊な関係を取り結んでいることが見逃されているからである。

## 自立＝依存先を選択できる力

多くの社会では、他者への依存は恥ずかしい、避けるべきことと考えられてきた。専門家らも援助を一時的な依存と見なし、その関係性はやがて消えてゆくべきものと考えがちである。しかし、こうした考え方をとると、援助によって生まれる新たな依存関係が見えなくなってしまう。

対外援助をめぐる従来の議論の限界は、与えることと受け取ることを切り離して考えるという点にあった。欧米による収奪が問題視されていた帝国主義の時代と比べて、第二次世界大戦後の対外援助は、先進諸国の関与に「助ける」という色付けがなされたために、一連の取引から誰が何を得ているのかが見えにくくなった。

本章では、「与える／受け取る」の二項対立を超えて「与えることの中で受け取るものがある」ことを、日本の戦後賠償を例に見てきた。対外援助を通じて国や個々人は新たな依存のネットワークに入っていく。このような現象は人間社会において決して珍しいことではない。しかし、自立を神聖化し、依存を悪魔化してきた対外援助の世界では、新たに依存関係をつくるという側面に光が当てられることはほとんどなかった。

多くの援助がその最終目的として掲げてきた「自立」は、本来、誰の助けも借りずに生きることではない。それは主体が個人であろうが国家であろうが、必要なときに必要な助けを得られる状態を意味するはずである。そして、人はそうした「必要」を感じる以前から、すでに誰かに依存して生きている。国際社会の中にあり、同時に多様な自国民に支えられている国家もまた同様に、独自の依存関係の上に立脚している。

自立と依存はこのように重層的な構造になっている。一つの依存からの離脱が別の依存を呼び込むのだとすれば、援助が目指すべき「自立」とは、依存をなくすことではないはずである。生活保護を受けていた家庭の自立とは、公的な福祉や慈善への依存から、民間企業などの雇用主への依存に移行することを指しているだろう。つまり、依存状態は消失するのではなく、別の形態になっていく。そう考えると、開発とは一つの依存が別の依存に移っていく過程であると総括できるし、援助は、別の依存先をつくりだす行為であると捉えることができるのである。

このように、依存状態が変化し続ける中で大事なことは、最終的に主体がよりよい依存先を自ら選択できることである。複数の依存先の存在は、自立にとって必要不可欠な土台である。この部分を見誤って、援助が受け入れ国にもたらすインパクトばかりにとらわれると、もともと問題を生み出した社会構造が見えなくなるだけでなく、援助を受け取る側の利害も不可視化されてしまう。*

対外援助の考え方そのものは、戦後の国際規範の一つの到達点として評価できる。また、事業の計画から実施に至るプロセスは長年の試行錯誤のたまものである。私自身、ＮＧＯなどに批判された案件の「その後」を現地調査し、一九八〇－九〇年代につくられたインフラ施設の多くが今も現地の役に立っていることを確認した（佐藤 二〇二一）。しかし、そうした対外援助の成果は、国家や民族間の争いによっていとも簡単に崩れ去る。アフガニスタンやミャンマー、ウクライナで、私たちはそのことを目の当たりにした。争いがエスカレートしてしまう背景には、既存の対立構造だけでなく、それを「解決」しようとして外部から持ち込まれる資源や制度があることに、私たちはそろそろ気づかなくてはならない。

対外援助が自立を目的としてきたのは、それが貧困を軽減し、富の格差を圧縮することに貢献すると考えられてきたからである。だが、そうした「目的」を額面通りには受け取れないことを、戦後の対外援助の歴史は物語っている。名目上の目的と本当の狙いや効果との間にズレが生じるのは、援助を送り出す側の地政学的な戦略や、経済的なうまみを得ようとする打算があったからだけではない。そこには、貧しい者たちが貧しく、豊かな者たちが豊かであることを競争のもたらす当然の結果と見なす、第一章で見たような暗黙の発想があった。

そこで次章では、このような発想の根底を探るべく、「適者生存」という思想を取り上げる。適者生存は、現状の格差を正当化することに使われる大本になった思想である。

発展による「依存からの脱却」は、個々の人間の経済生活を「自立」させたのかもしれない。しかし、そうした人々は別の側面で、もっと大きな思想的背景をもつ権力に依存することになったのではないか。続くⅡ部では、発展の遠心力がその裏側で招き入れた支配の求心力について見ていくことにする。

＊　一般的に、援助は互いに調整されていた方が効率的である。ところが私がカンボジアで行った調査では、中国やタイといった新興援助国と、米国や日本といった伝統的な援助国が互いに調整されていなかったことが、かえってカンボジア政府に有利に働いていたことが分かった。受け手であるカンボジア政府は、複数の援助供与国を互いに競合させ、もっとも条件のよい援助を引き出すことができるからである（Sato et al. 2011）。

# Ⅱ部

# 支配の求心力

## ——特権はいかに集中するか

# 第四章

# 適者生存――格差を正当化する知

それを手にした人が喝采を浴びないわけにはいかないほどの見事な姿と香り高いアメリカン・ビューティ種のバラは，そのまわりの若芽を犠牲にしてこそ生産できる。
――ジョン・D・ロックフェラー、一九〇四年の講演

## ハリウッド映画の「正義」

幼少の頃から馴染んできたハリウッドの「ヒーローもの」映画に違和感を抱くようになったのはいつ頃からだろうか。「ヒーローもの」に特有の勧善懲悪のストーリーは、ある時期から私にとってどうにも受け入れがたくなってきた。この違和感はどこから来ているのか。

たとえば、二〇一六年に公開された『エンド・オブ・キングダム』というアメリカ映画がある。ロンドンで開催される首脳会合での大規模テロ計画という架空の設定から始まるこの映画の筋書きは、実に単純である。テロリストによって各国首脳が次々に殺されていくが、米国の大統領だ

けは有能な護衛（ＳＰ）によって救われるという話だ。私の違和感が頂点に達したのは、大統領救出の様子をホワイトハウスから見ていた米国政府高官たちが、もろ手をあげて喜ぶ映画のクライマックスである。米国市民、映画視聴者にとってのヒーローとその仲間さえ生き残れば他の犠牲は顧みないという筋書きは、爽快感とは程遠い後味を私に残した。

米国の「ヒーローもの」といっても、善悪が逆転するような複雑なストーリーを持つ映画もあるが、争いに勝ち残ったものを無条件に「正義」と見なすストーリーは決して珍しくはない。映画を観た後に私が抱いた違和感は、世界で最も豊かな国の国民であるという特権意識と、そうした意識に疑問すらもたない映画が今も次々と製作されている実態から来ていたと考えてよい。

この「違和感」をもう少し展開してみよう。そもそも「強い者」だけで成り立っている社会は存在しない。経営者にとっても、自分のために働いてくれる社員あっての経営であり、政治家にとっても有権者あっての政治である。強者と弱者を別個に扱うのではなく、両者の関係のあり方を探ることにこそ人間社会を理解するポイントがあるのではないか。いや、そもそも強者／弱者という単純な二項対立を乗り越えていくことにこそ、争わない社会への思想的基盤があるのではないか。

その際の取っ掛かりは、競争に勝ち残った者だけを見るのではなく、その人を勝ち残らせた社会のあり方にも焦点を合わせることである。そうすることで、強者／弱者の二項対立に立脚した典型的なストーリーからは見えてこない、人々の依存関係に立脚した新しい見通しが得られるのではないか。

適者生存の基礎にある進化論は、生物が「単純から複雑へ」と変化するという考え方を前提としている。人間社会についても「野蛮から文明へ」あるいは「素朴から洗練へ」と一定の方向に向かって変化しているという考え方は根強く、第三章で見た発展や援助の思想を下支えしてきた。だが人間社会の「進化」は複雑や洗練というよりは格差を前提にした画一化の方向に進んでいるように見える。

前章までに見た「発展」の論理は、不平等と格差の是正をその重要な理念としてきた一方で、どこかで格差の温存を促してきたのではないだろうか。進化論は、発展に乗り遅れた素朴な人々を援助によって救い出すというロジックを、自然に受け入れさせる土台になるからだ。足りないものを外からの援助で補うという発想は、何らかの格差の存在を認めていなければ成り立たない。適者生存は本来、格差を支える思想だったのか。この概念の発案者にさかのぼって考えてみよう。

## 「生存のための闘争」という世界認識

「適者生存（survival of the fittest）」という言葉は、英国の社会学者・哲学者であったハーバート・スペンサー（一八二〇－一九〇三）が一八六四年に『生物学原理 *Principle of Biology*』(Spencer 1864) で初めて用いた。ただし、スペンサー本人は、「適者生存」がチャールズ・ダーウィン（一八〇九―八二）の「自然選択（natural selection）」を言い換えたものに過ぎないと述べている。スペンサーいわく、「適者生存として私が機械論的に表現したものは、ダーウィン氏が〝自然選択〟と呼ぶ、生存のための闘争に適した種が保存される仕組みのことである」（Spencer 1864, vol. 1: 444、引用者訳）。スペンサーの「適者生存」はダーウィンに反響し、ダーウィンは『種の起原』の初版にはなかったこの言葉を、第五版（一八六九年）に初めて取り入れることになる。

では、ダーウィンの言う「自然選択」とは何か。生物は実に多数の子孫を産み落とすが、そのすべてが生き残るわけではない。そこで生き残る者と滅びる者をふるいにかけるのが自然界の圧力である。環境が生命の存続に課す様々な圧力に適応できたものだけが子孫を繁栄させるというわけだ。自然選択というふるい分けは、長い時間の中でゆっくりと変化する生き物の環境適応能力を表現したものでもある。ところがダーウィンを有名にしたのは、より短期間での勝ち負けを想起させる「生存競争（struggle for existence）」（原語に忠実に訳せば、「生存のための闘争」）の概念であった。

ダーウィンは「生存のための闘争（struggle for existence）」をどのように捉えていたのか。『種の起原』（一八五九年初版）の原文から確認しておこう。

私は「生存のための闘争」という言葉を、大雑把に、比喩的な意味で用いていることを断っておきたい。そこには、ある生物が他の生物に依存すること
や、（より重要なことに）個体の生命だけでなく、子孫をうまく残せるかどうかが含まれる。食料が欠乏しているときの二

頭の犬は、獲物を得るために文字通り闘争をしていると言っても間違いではない。だが、砂漠のへりに立つ一本の植物も、湿気に依存しながら、旱魃を相手に生きるための闘争をしているといってさしつかえないのである。

(Darwin 1996: 53、引用者訳。( ) 内は原文)

つまり、ダーウィンの言う「生存のための闘争」とは、個体同士が体をぶつけ合って争うことではない。「闘争」はあくまで比喩表現であり、実際には、彼は生物同士の、そして生物と自然環境の依存関係を重視していた。

ダーウィンの言う「闘争」は、個体そのものだけでなく、子孫の存続まで含めた、繁殖して生き抜こうとする競争力(その意味では、「生存競争」という訳語は的を射ている)を指していたのである。ライオンがシマウマを捕まえようとしているとき、その場で闘争しているのはライオンとシマウマであるが、実際には、ライオンはライオン同士でより多くの獲物を捕まえる競争をしており、シマウマはシマウマ同士で、うまく逃げる競争をしているのである。そして、ライオンとシマウマは、いずれも水や餌場《えさば》の環境に依存しながら生き抜こうとしている。

特定の生物が生き残った理由に新たな説明を与えたのがダーウィンの革新であった。ダーウィンは、日本人にも馴染みのある「キリンの長い首」の例を用いて進化のプロセスをこう解説する。「キリンは、おなじ国に住む他の有蹄類が届かないところから食物をうることができるのであって、これは食物不足の時期におおいに役にたつことにちがいない」(ダーウィン 一九九〇〔下〕、二八〇頁)。

ダーウィンによれば、太古には首の短いキリンと長いキリンが両方存在していた。そこから、高い場所にある餌をとれたり、敵を早く見つけられたりする首の長いキリンがより多く生き残るようになったという。首は長くなったのではなく、長い首をもったキリンが生き残ったという解釈だ。

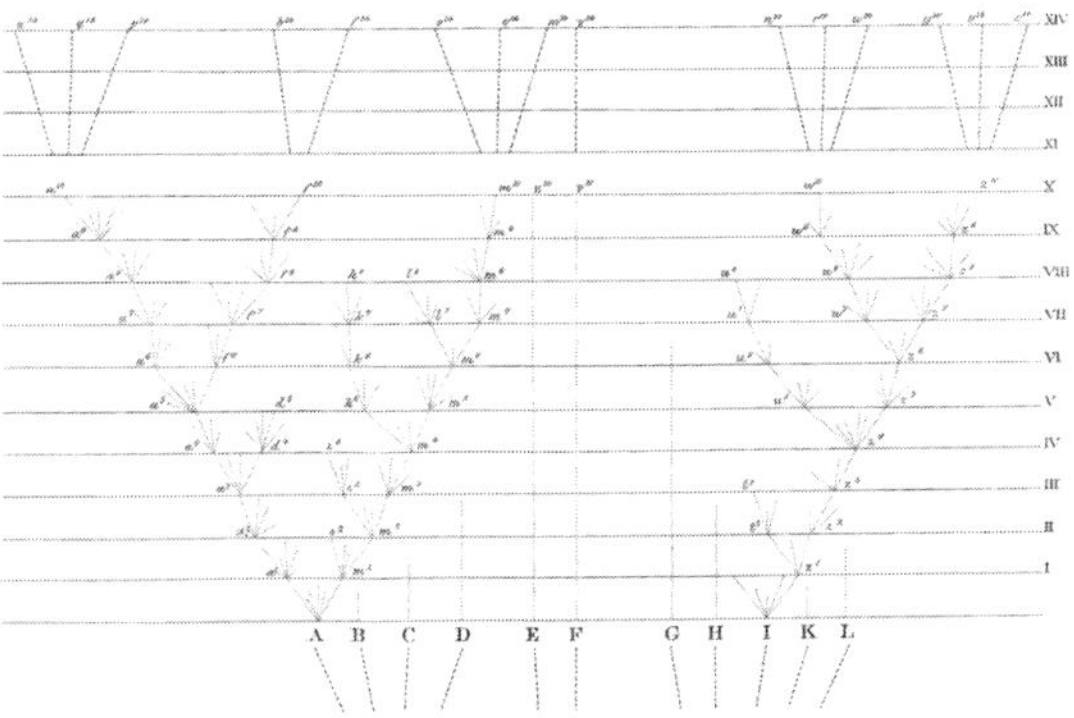


図4-1　ダーウィン『種の起原』に記載されている唯一の図である「生命の樹」

進化論は、キリスト教を信奉する欧米人が慣れ親しんでいた創造説に対して衝撃的ともいえる発想の転換を促した。それは、生物が意思によってデザインされた存在ではなく、何の意図ももたない自然が「盲目の」裁定者として振る舞った結果、偶然つくられたという新たな世界認識の出発を意味していた（ボーム 二〇一四、七頁）。

進化論では、進化の先頭にいる生物（たとえば首の長いキリン）から過去の生物にさかのぼって議論を組み立てる。よって、現存する生き物は考察の出発点であり、ダーウィンの真骨頂も現存する生き物に過去の痕跡（たとえば人間の盲腸や尾骨など何かの役に立っているとは思われない部位）を見出し、そこから進化の過程を推論するところにあった。

図４－１に掲げたダーウィンの「生命の樹」を見てみ

よう。一つの枝が長い時間をかけて上へ向かう過程で複数に分かれていく。同時に、ある段階からそれ以上先へと続かない種があることも分かる。ここには、進化に伴って生物種が分かれていくという視点と、途中で絶滅する種があるという視点の両方が表現されている。これは、一見バラバラに見える生き物も実は同じ祖先から進化したかもしれないという仮説を提起する。ダーウィンは絶滅した種や退化した器官に注目することで、互いに何の関係もないように見える生き物同士の類縁関係を発見した。そして、「生存のための闘争」の前提に、このように異なる種に属する生き物同士の依存関係があると考えたのである。

ダーウィンの進化論は、このように絶滅した生物も含めて進化の体系を説明しようとするものであった。一方、適者生存の発想では、生き残った者にだけ注目が向いてしまう。それゆえに、競争から落伍した者や弱者が後回しにされてしまう傾向があるのだ。

ここでダーウィンの「論敵」のように扱われる人物に登場してもらおう。無政府主義者のピョートル・クロポトキン（一八四二－一九二一）である。ここで彼を取り上げる理由は二つある。一つは、クロポトキンが早い段階で生物進化における相互扶助の重要性を強調していたからである。そして二つ目は、彼の登場が、日本における進化論の受容のされ方に大きな影響を与えたからである。

## クロポトキンによるダーウィンの再発見

クロポトキンは、その主著『相互扶助論』（一九〇二年初版）の中で、競争ではなく相互扶助こそが動物の世界で普遍的に見られる原理であると強調し、生存競争に基づく生物界の説明を批判した（クロポトキン 一九九六）。クロポトキンは適者生存の原理が働いていることを認めた上で、その中の「最適者（fittest）」とは、種の中で連帯と相互扶助を高める社会性を育むことに成功した生き物であると主張した。クロポトキンは「相互扶助」を次のように特徴づける。

> それは愛とか、個人的共感といった感情よりも遥かに広いもので、非常に長い進化の過程の中で動物と人間に芽生えた本能である。動物と人間は（進化の過程で）相互扶助と支えあいからどれだけ力を借りることができるか、社会的な生活がどれだけの喜びをもたらすかを学びとってきたのである。
>
> （Kropotkin 1975: 21、引用者訳）

彼によれば「適者」とは、競争で相手を蹴落とすための力や賢さに長《た》けた者ではなく、「強かろうが弱かろうが、コミュニティ全体のために力を合わせることを学び取った者たちのこと」（Kropotkin 1975: 28）であった。*

本書のメインテーマである「依存」を考える上で、クロポトキンが「意図」ではなく「本能」

* クロポトキンの相互扶助論は、近年の霊長類学における食物分配の観察などから実証されつつある。たとえば田島（二〇一七）を参照。

の一部として相互扶助を位置づけた点は示唆的である。つまり、相互依存は種の保存に向けた長い進化の過程で培《つちか》われた本能であり、彼の言葉を借りれば「一人ひとりの幸せは、他の皆の幸せに密接に依存しているという無意識の認識」(Kropotkin 1975: 22) こそが進化の本質なのである。相互扶助という協力行為は、相互依存という無意識の状態に立脚していると考えるわけだ。*「生存のための闘争」の前提に生き物同士の相互依存を位置づけるという考え方は、実はダーウィン本人が指摘していたものの、後のダーウィン論からは削ぎ落された点であった。

「ダーウィニズム」と称される進化論は、十九世紀末には中国や日本を含む世界中の知識人に影響を与えた (Claeys 2000: 226)。もちろん、進化論を最終的にどう受容するかは、生物学者同士の科学的な論争とは別に、受け入れる側の社会的文脈と、進化論の使われ方に左右される。進化論が人間社会の説明に援用されるときに見逃せないのは、それが格差の正当化に使われる場合である。

適者生存のアナロジーは、大規模な企業や国家がお互いの権益を争う二十世紀型の資本主義世界に親和的に響く。生き残った者が生き残った理由、絶滅した者が絶滅した理由を結果から推論するのに役立つ進化論は、現状を「なるべくしてそうなった」と正当化してくれる。つまり、それまでの硬直的な身分制が解体され、個人単位の能力主義的な社会へと移り変わっていく中で、適者生存はその時々の社会で優位な立場にある人々にとって極めて都合のよい理論でもあったわけだ。ヨーロッパの一部では進化論が人種差別を正当化する優生思想に利用され、ナチズムという暴力的な政治運動を引き起こしたのは歴史の教えるところである。

このように、十九世紀のヨーロッパで生まれた進化論は、競争を前提とした根強い進歩史観と科学の普遍性を背景に世界へと広がり、他の文化圏の土壌でも育まれていった。日本も進化論に大きく揺さぶられた国の一つである。

## 日本における進化論の受容

ダーウィンの『種の起原』の初版が刊行された頃の日本は幕末の未だ儒教思想が支配的な社会であって、進化論が普及しやすい環境だったわけではない。とりわけ、進化論に内在する競争の論理は「「忠孝」の教えに馴染んだ頭にも、激変への対応に苦しむ心にも、ともかく波風を立てず、誰からも反感を買わないように小心翼々と生きる多くの庶民男女の情にも、容易に浸透しなかった」（渡辺二〇一二、五〇八頁）。この傾向は文明開化を経た明治時代に至っても残っていた。

それでも、知識人たちは進化論に強い関心をもった。進化論を初めて本格的に日本に紹介した

＊　協力はあくまで意図に基づく行為であるのに対して、依存は意図せざる状態を含む。フランスの哲学者ミシェル・フーコー（一九二六―八四）はかつて「人は、自分がしていることは分かっていても、自分がしていることが生み出すことは分かっていない」と言った（Dreyfus and Rabinow 1982: 187）。慧眼である。人間の行為の効果は、意図を超えたところに広がっている。

のは、東京帝国大学（現在の東京大学）にお雇い外国人として米国から招聘《しょうへい》されていた動物学者エドワード・モース（一八三八―一九二五）である。モースは一八七七年の東大での講義の様子を次のように日記につづっている。

一八七七年十月六日、土曜日。今夜私は大学の大広間で、進化論に関する三講の第一講をやった。教授数名、彼らの夫人、並びに五百人から六百人の学生が来ていて、ほとんど全員がノートをとっていた。これは実に興味深く、張合のある光景だった。* ……聴衆は非常に興味をもったらしく、米国でよくあったような神学的な偏見にぶつかることなしに、ダーウィンの理論を説明するのは、誠に愉快だった。講演を終わった瞬間に、興奮に満ちた震えるような拍手が起こり、私の頬は熱くなった。日本人の教授の一人が私に、これが日本におけるダーウィン、あるいは進化論の最初の講義ですよ、といった。（Morse 2012: 339、引用者訳）

東大に集まった聴衆がかくも熱心に進化論を聴講した背景には、当時の社会風土がある。** 欧米の物質文化への憧れを「開化」の原動力としていた明治期の日本のエリートは、西洋文明を基準とした単線的な進歩の階段を正しく、素早く昇っているという自覚をもっていたのだろう。特に日清戦争（一八九四―九五年）と日露戦争（一九〇四―〇五年）の勝利は日本に「大国」としての自覚を促し、欧米列強との競争を本格化させるためにアジア諸国を自らの勢力圏に引き込むという

「大日本主義」を生み出した（成田二〇〇七、一六二頁）。この当時の日本の勇ましさは、欧米列強と比べて後発国であるというコンプレックスの裏返しであったと見てよい。

動物学が専門のモースが進化論を通じて社会の格差を正当化しようとしていたとは考えにくい。それどころか、彼はむしろ日本人の平等志向的な振る舞いに強い関心をもっていたようだ。モースは、華族が多く通う学習院大学を訪問したときに、豊かな階層の子供たちが上等な身なりをしていないことに気づき、その理由を院長の立花種恭《たねゆき》に尋ねている。立花の答えは、「日本には以前から富んだ家庭の人々が、通学する時の子供達に、貧しい子供達が自分の衣服を恥ずかしく思わぬように、質素な服装をさせる習慣がある」というものだった（モース二〇一三、二五二頁）。モースがこのやりとりをわざわざ日記に書き留めたのは、米国からやってきた彼にとってそれだけ印象的な出来事だったからであろう。

＊　モースは日本の学生たちが素早く進化論の要点を得る理由を次のように推測した。日本では「田舎の子供が花、きのこ、昆虫その他類似の物をよく知っている程度は、米国でこれ等を蒐集し、研究する人のそれと同じなのである。日本の田舎の子供は昆虫の数百の「種」に対する俗称を持っているが、米国の田舎の子供は十ぐらいしか持っていない」（モース二〇一三、二五四頁）。

＊＊　科学史家の村上陽一郎は進化論が日本に初登場した年を「明治七（一八七四）年頃」と推定している（村上一九八〇、一〇五頁）。だとすれば、モースの講演があったころには、『種の起原』の概要は知られていた可能性がある。しかし、当時、競って翻訳された洋書は軍事に関するものであり、『種の起原』の最初の邦訳が刊行されたのは一八九六年であったことを考えても、日本における進化論の科学的な理解は遅れていたと言える（富樫一九九七、一〇七頁）。

もちろん、こうした日常的な平等主義的を思わせる振る舞いと、明治期の日本の格差や貧困の実態とは直接関係はしていない。戦前までの日本は所得の分配や政治参加など、様々な側面で現在よりも厳しい格差社会であった（橋木 二〇一七）。それは地主―小作人、資本家―労働者関係に強く規定された「閉じた依存関係」で構成された社会であった。そんな日本社会に進化論はどのようなインパクトを与えたのだろうか。

## 進化論を日本社会に当てはめる

非西洋世界へのダーウィニズムの伝播を考察した渡辺正雄によると、日本でのダーウィニズムの影響は、自然科学よりも社会科学で大きかった（渡辺 一九七六）。第一次世界大戦の恩恵を受けて急激に裕福になった「成金」と呼ばれる階層の登場や、物価高騰で食料に困った人々が起こした米騒動などの社会変動の頻発は、生存競争を生物理論としてよりも社会変化の理論として受け入れる土壌をつくった。そのことは、日本における進化論の教科書への導入が、理科ではなく国語から始まったことにも表れている（富樫 一九九七、一一七頁）。

進化論の受容には日本人の精神構造も関係していた。日本人の精神に深く根づいていた仏教や儒教には、進化論が想定する直線的な「時間」概念が存在していなかった（村上 一九六四、一四九頁）。とりわけ、天皇や皇族の祖先を神々であるとする国体論を信奉するグループでは、進化論に対する警戒と抵抗が顕著であった。

仏教や儒教に馴染んだ人々の間で冷徹な生存競争のイメージに脅威を感じる人々がいたのはもちろんのこと、進化論の推進によってキリスト教の普及を阻み、新たな道徳観念を確立しようとする動きも見られた＊（ゴダール 二〇二〇）。進化論を含めて明治・大正期の日本における外来思想は、多分に土着の宗教や思想に媒介《ばいかい》されて受容されていったのである。

優勝劣敗にしても、適者生存にしても、日本語に置き換えると、主語は個々の人間になる。英語の原典に忠実に訳せば、「種」を主語にして「最適種」とでも訳すべき fittest が、日本語では「（最）適者」と訳され、いつの間にか「個体」を主語とするイメージに置き換わってしまった点は特に注目に値する。＊＊この訳語こそが日本における進化論の議論を、競争重視の社会に誘導したとも言えるからである。

進化論は大いに政治利用され、ダーウィン自身による生物進化の理論とは異なる形で再構成さ

---

＊ たとえば近代日本の代表的な仏教学者である井上円了は、進化論を仏教の循環的な発想と連動させながらキリスト教との対抗を試み、博物学者の南方熊楠は進化論のベースにある植物と動物の複雑な関係をひとつの生態系としてとらえ、明治政府の進めようとした神社の統廃合とそれに伴う木々の伐採に抵抗しようとした。（ゴダール 二〇二〇、九九－一三九頁）。

＊＊ 実際、井上円了は「適種生存」という言葉を用いている（鵜浦 一九九三、四四頁）。それでも「適者生存」の邦訳が一般化したのは、進化論が生物界よりも人間社会を説明する理論として用いられたことの証左である。

れていく。たしかに列強との激しい競争にさらされていた日本にとって「生存競争」はまさに自らの置かれている状況を的確に表現していたし、政府のあおるその競争に乗るまいとする勢力からの反論も、進化論をいっそう厄介な政治問題にした。

それを表す顕著な事件が一九二〇年の「森戸《もりと》事件」である。これは当時、東京帝国大学の助教授だった森戸辰男（一八八八―一九八四）が経済学部の機関誌に「クロポトキンの社会思想の研究」として発表した内容が「無政府主義の宣伝」と断じられて発禁処分になった一件である。発禁になったのは、クロポトキンの提唱する相互扶助論が、共産主義と共鳴する色彩が濃かったからである。『相互扶助論』を翻訳した大杉栄が、明治大正を代表する社会主義者・無政府主義者であったことも関係していたのだろう。森戸はこの事件を契機に高まる圧力に屈して、東大の職を辞することになった（森戸 一九七二）。

森戸事件が表面化した直後の『中央公論』（一九二〇年四月号）には、「生存競争説と相互扶助論」と題した特集が組まれ、様々な専門家が各方面からこのテーマを論じた。survival of the fittest の当時の一般的な日本語訳は東京大学初代綜理《そうり》を務めた加藤弘之（一八三六―一九一六）による「優勝劣敗」である＊（田中 二〇一九、八九頁）。加藤は、優勝劣敗を自然に任せるのではなく、統治者がそれを社会的に制限することで人民の権利が保障されると考えた（田中 二〇一九、九〇頁）。進化論は当時の日本社会、特にエリート層の関心に合わせて選択的に取り入れられたのである。

## 「棲みわけ」という代替案

このように日本における進化論の受容は決して一筋縄ではいかなかったが、それは進化論が受容され始めた明治時代だけの話ではなかった。これまで見たように、日本での進化論は人間社会への示唆という点で大きな注目を集めたが、その多くはダーウィン自身の議論から逸脱したものであった。『種の起原』の翻訳が原著の出版から四十年後にようやく出版されたことや、正当な生物学者によって正面から論じられてこなかったことは、日本での進化論の受容がいかに政治や社会の側面に偏っていたのかを表している（村上 一九八〇、一一三頁）。

そうした中で、時代はぐっと現代に近づくが、ダーウィンに正面から喧嘩を売った生態学者が京都大学の今西錦司《きんじ》（一九〇二―一九二）である。競争よりも共存の原理を解明しようとした今西を中心とする京都学派のアプローチは、争わない社会への洞察に満ちている（梅棹 一九七四）。今西の生物学者としての業績は評価が分かれているが、彼の書き物が分野の垣根を越えて広い読者を得たという事実は、今西の展開したダーウィン批判がどこか日本人に受け入れられやすい要素を含んでいたからであろう。

今西はダーウィンらの進化論を象徴的に物語る「キリンの首はなぜ長いか」というくだんの問

＊ 評論家・思想家の三宅雪嶺は同特集の中で「優劣ではなく、境遇における適不適によって決定する」として日本語訳の問題を的確に批判した（三宅 一九二〇、一〇三頁）。

題に、自らのフィールド体験を踏まえて次のような批判を加えた。

……食糧の乏しいときには、一インチでも二インチでも背の高いキリンが食物にありついて生きのこり、もう一頭の食物にありつけなかったほうのキリンは、生存競争の敗者となって、餓死してしまうというのであるが、抽象論としては、そういうことも起こり得ないとはいわない。しかし、こんなあほうなことが、はたして現実の自然のなかで、起こりうるだろうか。私の反論はいつでも、自然に密着したところから出発する。アフリカのサバンナでは、大きくて高いアカシアのような木は、なるほどポッツンポッツンとしか生えていない。しかし、一本きりというのではないのである。そうだとすれば、さっきの競争で敗れたキリンは、なにも餓死したりなどしなくても、動いていって、どこかで自分の背丈にあった木の葉を食えばよいのである。

（今西 一九九三、一〇〇頁）

今西は従来の生物学が個々の生物の役割を過度に重視してきたことを批判し、異なる種が一つの「社会」として互いに距離をとり合うようになるプロセスに進化の本質を見た。その成果が、今西の提唱した「棲《す》みわけ」論である。

今西の異論のポイントは、「集団」の解釈である。そもそも日本では、「集団」をスペンサーが重視した「個」の集まりというよりも、一つの有機的な「社会」として見ようとする傾向があった。この傾向は、生物学の議論を離れて政治に利用されるようになった進化論を、今西の手によって再び生態学の領域に回収するときにも見られた。

与えられた環境を変える可能性に希望を託すことができるのが人間である。現状を最良の自然選択の結果（= what we are）と見なす進化論的な見方を鵜呑《うの》みにすると、他にありうる可能性（= what we can do or be）への想像力が損なわれ、選択肢を広げる希望が閉ざされてしまう（Sen 1999: 123）。特に現状肯定の発想は、特定の人々の暮らしぶりが「現状」に至った過程を等閑視させ、「他にありえた選択肢」を後景に追いやってしまう。適者生存の発想は、社会が人を選別し淘汰するという側面を強調するあまり、その逆、すなわち人が主体的に社会に働きかけて、変化を促していくという可能性をかき消してしまうのである。

今日の社会を、競争を勝ち抜いた「適者」の埋め尽くす世界と見るのか、それとも競争に負けた「不適者」にも、この世界を共につくっている仲間として積極的な価値を認めるのかでは視座が大きく異なる。後者の視点に立てば、適者もまた不適者と見なされる人々に頼っている面がはっきりと見えてくる。適／不適の基準は、人間の多様性を捉えるにはあまりにも一面的なのである。

## 多様性は適者生存を置き換えるか

「適者」が生き延びてこられたのは、多様な生き物がいたからだ。近年、これを人間社会に当てはめて、とりわけ女性やマイノリティの権利を擁護する観点から「多様性」という言葉が頻繁に使われるようになった。露骨な競争を想起させる「適者生存」よりも「多様性」の方が言葉の響きはよい。だが、多様性の賛美が、かえって格差を温存しているようなことはないだろうか。*

多くの人にとっては、もはや記憶の彼方に遠のいているかもしれないが、東京オリンピック2020のテーマは「多様性と調和」であった。日本人のメダル獲得数に世論が一喜一憂する中、メダルを一つも持ち帰れなかった国が全体の半数以上だったという。オリンピックは「参加することに意義がある」と言われるが、その言葉のもとに、大事な視点が欠けてしまっている感覚を私はもっていた。それは「格差の多様性」、「見せかけの多様性」への視点である。どういうことか。

「プールがない国からきた競泳選手」として日本のマスコミをにぎわせたソロモン諸島出身のイロ氏をめぐるエピソードが象徴的であった。** プールがないためにもっぱら海で練習を積んできた彼の最大の悩みはタイムの測定ができないことだったという。もっとも、マスコミでのイロ氏の発言には、オリンピックに参加できた喜びの言葉はあっても、競技環境の格差に対する不満のようなものは感じられなかった。マスコミが彼を取り上げたのは、イロ氏のように競争の勝ち負けとは別の価値を体現している選手に光を当てれば、メダル獲得レースに熱を上げる日本人に何らかのインパクトを与えられるという確信があったからだろう。だが、清々しい彼の態度は、オリンピックというグローバルな競争に潜む格差の厳しさをかえって露わにしたように私には思われた。「多様性の祭典」と謳われたオリンピックは、見方を変えると「格差の多様性」によっても組み立てられていたと言えるのではないか。
文化人類学の視点から進歩や開発の考え方に深い洞察を与えてきたクロード・レヴィ＝ストロース（一九〇八－二〇〇九）は著書『人種と歴史』（一九五二年初版）で、科学的な視点から文化の序列を否定し、第二次世界大戦後のユネスコの思想的推進力になった文化相対主義の考え方に先鞭をつけた（レヴィ＝ストロース 二〇一九）。この中でレヴィ＝ストロースが特に力を入れたのが、「見せかけの多様性」という考え方である。彼は、同じ時期に異なる場所で暮らしを営んでいる民族や人々の生活水準を「多様」と呼んでおきながら、そこに「遅れている／進んでいる」という単線的な発展概念を持ち込んで一つの発展モデルに回収してしまうことを、「見せかけの多様性」という言葉で批判した。彼は言う。

遠い時代のものであれ遠く離れた土地のものであれ、人類社会の示すさまざまな状態を、同じ起点から始まり同じ目的に収斂される唯一の発展の諸段階あるいは諸階梯と見なせば、多

＊ 欧米では十九世紀から個人の権利や自由を強調する思潮の登場に合わせて、人の多様性を重んじる考え方も生まれるようになった（Jacoby 2020）。だが、そこでの多様性とは、個人を尊重することの結果であって、多様性そのものに価値が置かれていたわけではない。

＊＊ 「競泳プールないソロモン諸島からオリンピック出場「誇らしい」」〈https://mainichi.jp/articles/20210801/k00/00m/050/276000c〉、最終アクセス二〇二三年二月三日。

様性はただの見せかけだけのものになる。（レヴィ＝ストロース二〇一九、三九頁。強調は原文）

それぞれ別の地域で見つかった石斧《せきふ》の技術的優劣をもとに、「劣ったものが優れたものに進化した」という生物学の見方をそのまま当てはめるのは危険であるとレヴィ＝ストロースは考えた。化石から変化を推論しうる生物とは異なり、文化の変化については、先後関係やそのメカニズムが分からない場合が多いからだ。

レヴィ＝ストロースの忠告から半世紀以上が経過した現在、「見せかけの多様性」は私たちの考え方を今も縛り続けている。たとえば一人当たり所得やＧＤＰに基づいて国家の「発展」の度合いを定める習慣は今も支配的である。そうした視点から見ると、たとえば東南アジアの山奥で焼畑農業を営む人々は、「原始的」「遅れた」というレッテルを貼られ、同じ地域でより「近代的」「効率的」に畑を耕す人との比較で下位に序列づけられる。そして、途上国の「遅れた社会」を、対外援助を通して「開発」することが、いつしか国際社会の中心的な課題になったのである。

## 「誰一人取り残さない」を批判する

人間社会に適用される適者生存論は、種全体のあり方を長いスパンで見ていたダーウィンの視野の広さを忘れ、個々人の生存適応能力に焦点を絞ってしまった。それは、ダーウィン自身が重視していた様々な依存関係を後景化し、クロポトキンが注目した相互扶助や生き物の社会性という考え方も置き去りにしたまま、グローバルな資本主義を説明しつつ正当化する最も分かりやすいロジックとなった。倒産と起業とが繰り返されるビジネスの世界を見れば、適者生存の理論は益々存在感を増しているかのようである。

その一方で、様々な集団間、個人間で広がる格差を問題視するようになった国際社会は、二〇一五年にSDGs（持続可能な開発目標）を定めて、人類がこの地球で暮らし続けていくための達成目標を宣言した。これは先進国をも対象に「適者生存」が置き去りにしてきたものへの手当てを含んだ点で画期的な国際合意であった。経済・社会・環境に関する十七の目標と百六十九の詳細なターゲットを定めたSDGsは、その前文において持続可能な開発から「誰一人取り残さない」と謳っている。そして十番目の目標に「人や国の不平等をなくそう」を掲げた。

だが格差を正当化する思想を内蔵した開発の構造を変えない限り、「開発によって格差をなくす」という目標が達成できるとは思われない。実際、資本主義社会の「発展」は、多くの脱落者と、それゆえの格差と貧困を生み出してきた。近年、不平等研究で世界的な注目を浴びたトマ・ピケティ（一九七一－　）は、長期間の実証分析から、グローバルな不平等の拡大が偶発的な結果ではなく、資本主義に内在したメカニズムによって生み出されていることを明らかにした（ピケティ二〇一四）。競争を前提とした社会は、「取り残される人」が出てくることが織り込み済みの社会であると言える。これを正当化する理論として本章では適者生存の思想を詳しく見てきた。取り残される人の存在を前提にしながら「誰一人取り残さない」と連呼するのは矛盾であると言えなくもない。

では、どうするか。発展途上国の実態を見てきた私は開発自体を放棄すべきとは考えていない。しかし、あくまで開発を進めるのならば、「取り残さない」と言う前に、何から、何から取り残さないのかを問うべきではないか。考えなくてはならないのは、取り残されそうな人は、そうなる前にはどこに属していたかということであり、「取り残さない」ためにできることは、その人が帰属できる集団をさまざまな形で確保することである。集団や帰属についての議論は、「依存の想像力」を扱う第七章以降で行うこととし、次章では、経済的に豊かな人々が、どのような争いを経てその豊かさを手に入れたのか、豊かさを保障する所有権の制度はどのような弊害を生み出したかを見ていきたい。

さて、進化論が人間社会にもたらした新たな視点とは結局何であったのか。それは、生きる力の強い者と弱い者とは、そうなるのに科学的な理由があったと見る視点である。しかしこれは人間社会の実態にそぐわない見方であった。生物界では、特定の生き物が一定数以上に繁殖すると、その生存環境は有限であるために個体間の競争に敗れる者が出てくる。適者生存はこうした競争を科学的に説明する原理であった。本章で論じてみたのは、これを人間社会に当てはめた時に生じるズレである。

シンプルで普遍的と見なされた進化論の思想は、いったんは拒絶されたり、逆に都合よく政治利用されたりした。文化的土壌に基づく反応の違いは、同時に「開発／発展」が、一つの普遍的な原理に沿うものではなく、地域や時代の個性に色づけられていることを示している。

本章の冒頭に取り上げたハリウッド映画『エンド・オブ・キングダム』は欧米先進国を標的にするテロリストらの計画から物語が始まった。しかし、そもそもなぜそこまで欧米を敵視する勢力がいるのかという角度から同じ物語を描けば、「正義」の所在は逆転する。一部の国や人々が生存競争で勝ち残る過程には、歴史の表舞台に名を残さない諸集団の犠牲が積み重ねられている。この映画の世界観が、歴史の総括を脇に置いて前だけを見ようとするSDGsの語りと似ていると感じるのは私だけであろうか。

## 第五章

# 私的所有——自然をめぐる人間同士の争い

……一方は、人間がどこまでも自力をたのんで、すべてを支配していこうとするのです。一方は、人間が我をすてて、人間以上のひろいふかい天地の中にとけこもうとするのです。ところで、このような心がまえ、このような態度、世界と人生に対するこのような行き方は、どちらのほうがいいのでしょう？　どちらがすすんでいるのでしょう？　国民として、人間として、どちらが上なのでしょう？

——竹山道雄『ビルマの竪琴《たてごと》』

### 争いに分け入る国家

何かのきっかけでエスカレートするかもしれない潜在的な争いを思い浮かべてみよう。それはニュースで目にする尖閣諸島をめぐる日本と中国との国際関係かもしれないし、「貸したお金が戻ってこない」といった身近な金銭問題かもしれない。私たちは、日々、このように大小さまざまな潜在的争いに囲まれながらも、それらをどうにか治めて「大ごと」にならないよう努めている。

本章では、土地にかかわる係争を解決する手段の一つとして私的所有権を考える。私的所有権は、「こちら」と「あちら」の境界線を排他的に定めるもので、資源利用の将来に対する不安を減らし予測可能性を高めるという意味で潜在的な争いを治める工夫の一つになっている。加えて、農地などでは、与えられた土地をめぐる責任や権利が不明確だと、農民は一生懸命働く気が起きない。働いた果実が自分のものになるのか分からないからである。所有権制度に対する信頼は、現代の資本主義社会に安定をもたらす不可欠な要素でもある。

ところで、所有権制度は、国家の担保によって初めて成り立つ。歴史的に見ると所有権制度は、近代国家の発生と車の両輪のようにして生じてきた。この点は資源をめぐる権力がどこにどう集まるかを見定める上で特に注意が必要だ。所有権者同士が対立して当事者間での解決が見込めない場合は、当事者を超えた上位に位置する第三者の介入が必要になる。対立が大きくなれば、争いを国家に調停してもらわなくてはならない。

マルクスの盟友で社会思想家のフリードリヒ・エンゲルス（一八二〇—九五）は、ここに国家権力の起源を見た。所有権を振りかざして互いに経済的な利害を争う人々が、そのような争いで消耗してしまわないように、国家という名の権力が必要になったというわけである（エンゲルス一九六五、二二五頁）。

本章では、自然環境が所有の対象と見なされる場面で人々の間に生じる依存関係の変化に注目する。気候変動に伴う異常気象の頻発は人類の自然環境への向き合い方をこれまで以上に問うている。気候変動に合わせるかのように自然環境をめぐる人間と人間の争いも激化している。争いを仲裁する立場にあるはずの国家は、いつしか自然環境を支配する力をもつようになった。それは人間同士の依存関係が、知らず知らずのうちに力の偏りを生み出していく過程でもあった。

## 支配力を運ぶ所有権

所有権とは元来、土地に働きかける所有権者を保護して、その人の生産へのインセンティブを高め、それを通じて社会全体の生産の極大化を図る制度であった（加藤二〇〇一）。ただ、この「インセンティブ」は、すでに指摘したように、生み出した富が略奪されない、という前提への信頼があってこそ成り立つ。その意味では、所有権は主に生産性の高い資源を対象に、争いを抑止する目的でつくり出されたと考えられる。

所有権の威力は、それが所有の対象物を離れて、権利の塊として取引できるところにある。自分が住んでいない場所の土地さえ、権利の上では所有することができる。そのように考えると、私的所有という制度は経済的な利益の保護という役割と同時に、支配力を広げる媒介としての役割ももっていた。だが、地球上には誰の管理下にもない海や山が果てしなく広がっている。これらの自然環境に私的所有権の考え方を拡張していくことは、争いの発生に対してどのような意味をもつだろうか。

人間の生存基盤である海も山も、あるいは自然界をゆっくりと循環する水も、それまで「私的」に所有されていなかったという意味では共有物（コモンズ）であった。そもそも貨幣や土地、労働力など、近代社会が私的な争いの対象とするものは、もともとは売買する目的でつくられていない。それらは人が社会生活を営み、生きていくために必要な働きかけの対象に過ぎなかった。にもかかわらず、共有地をタダと見なす人々は、所有権という制度を利用してコモンズに対する私的な支配を拡張しようとしてきたし、そうした行為が国の経済成長に貢献する限り、政府もそれを追認してきた。*

私が所有権の問題に関心をもつようになったのは、一九九〇年代中ごろにタイ中西部で、森林をめぐる村人と政府の争いを見てからであった。森林が豊かな熱帯の奥地では、その保護を目的に政府による囲い込みが行われることが多い。全国的に森林が減少する中で、政府はわずかに残っている森林を守ろうとするのである。ところが、囲い込まれる場所は往々にして山地民の居住地域でもある。そのように囲い込まれた森から排除された人々が、政府の森林保護政策に協力しなくなるのは当然である。コモンズに対する所有権の拡張は、明らかに新しいタイプの争いを生み出していた。

＊　二酸化炭素の最大の排出源である化石燃料を支配している企業群の富を守っているのは私的所有権であり、その私的所有権に手がつけられないことが気候政策の前進を阻む根本原因であると見る研究者もいる（Huber 2022）。

国家介入の影響を最も強く受ける人々の発言力は最も弱く、現場から遠く離れた都市に暮らす人々の発言力は強い。こうした「ねじれ」は多くの環境問題に共通して見られる。所有権のあり方一つで、村人の行動は合法にも違法にもなってしまう。政府が行った森林の国有化（国による排他的所有）は、人間と自然の依存関係だけでなく、もともとその地域に存在していた人間同士の関係を不安定にし、政府の政策に深く依存する個々人を新たにつくり出した。その結果、森の資源の利用の仕方は、慣習的なルールに基づく人と人との「隣人同士の依存」から、半ばバラバラな個人による「制度への依存」への移行を強いられることになる。この過程で森林利用に関する地元住民の知識や慣習も徐々に廃れるだけでなく、人々の森への依存の低下も進み、彼らの森を守る動機も弱まっていくのである（佐藤 二〇一九、一一〇頁）。

環境破壊は、人間対自然という二項対立の枠組みの中で問題化されることが多い。だが、人間と自然の対立に見えたものも、実は自然のもたらす便益や負担の分配をめぐる人間と人間の対立だった、ということがままある。ここで言う「便益」とは安定した資源供給や生活環境のことであり、「負担」とは資源の劣化や災害など、生活環境に望ましくない要素を指す。本来は「みんなのもの」として、現場のニーズに応じて臨機応変に管理されていた資源を、警察などの力を借りて所有権を行使し、「おまえは使うな」という杓子定規の論理を当てはめたところに争いの根源がある。

そもそも私的所有による排他的な権利を設定するのは、そうすることで権利を明確にして無用な争いを防ぐことが目的だった。しかし、その私的所有権がこのように争いの原因になっているケースが多々見られるのである。

世界全体を対象にした環境をめぐる紛争に関する統計によると、二〇二二年初頭の段階で三千五百九十九件の紛争が報告されている*（EJAtlas 2022）。それらの多くは「環境は誰のものか」という、自然の所有をめぐる争いである。鉱山開発やエネルギー開発に伴う土地利用と汚染をめぐる争いや、ダム開発を含む水をめぐる争いなどは、途上国か先進国かを問わず世界各地で頻発している。特に低所得の国々では、土地の囲い込みや、自然資源の開発、水に関する紛争が多く、地域住民と企業、国家が三つ巴《どもえ》となり、時に暴力的な争いが繰り返されている（Scheidel 2020）。

従来の環境政策は、自動車に対する排出規制のように、特定の業界を標的にその環境負荷を軽減させることを主眼としてきた。しかし、環境を守る制度をいくら向上させても、規制を無視することで経済的利益が得られるのであれば、それを遵守させるのは難しい。自然環境をめぐる争いが絶えない理由の一つは、制度や技術の未熟さよりも争いの現場を取り巻く人間と人間、組織と組織の力関係が偏ったものになっているからではないだろうか。

先に取り上げたタイの事例はまさに、森の近くで暮らし、森に依存している人に、その森を管理する権利がないという「ねじれ」の例である。タイの森林保護制度は体系的に整備されている

* ここで「環境紛争」とは、特定の場所で生じる自然環境の利用や保護をめぐる、組織化された反対運動や対立がメディア等によって報告された事案を指す（Temper 2015: 262）。

し、モニタリングの技術についても不足があるわけではない。所有権のもたらす支配力によって政府森林局と地域住民の関係が歪められていることが問題なのである。

## 媒介に着目する意味

環境問題を「人間」対「自然」の二者構造ではなく、「所有権」が媒介する「人間」対「人間」という三者構造として捉えれば、争いの本質に一歩近づけるのではないか。このアプローチを実践してみよう。

ここで言う「媒介」とは、一般に「二つのものの間にあって、両者の関係のなかだちをすること、またそのような機能をもったもの」を指す。新型コロナウイルスの蔓延は、人間がウィルスを媒介しているという認識を呼び覚まし、人々のマスク着用に拍車をかけた。ウイルスから見れば、人間の力を媒介にして自らの勢力を拡大したというわけだ。つまり、媒介とは運ぶ対象がウイルスであれ、富であれ、何かが広がる過程で一時的な箱の役割を果たす「つなぎ」なのである。

本章のテーマである所有権もまた媒介である。人がウイルスを媒介しているとすれば、所有権は支配する力を媒介していると言えるかもしれない。人は、自分が欲しいものをすべて操ることはできないので、所有権という媒介を使って、直接管理していないものさえも「自分のもの」として支配できるようにした。

技術も、人間による環境の操作を助ける媒介である。たとえば、私たちは温度計や湿度計を通じて、外界の温度や湿度という役に立つ情報を可視化し、適応や操作のための材料にする。このように、媒介は人間が働きかけの対象にするものと人間との間に横たわっている。

ところが、技術や制度が洗練されると、それらが媒介であるという意識は希薄になる。私たちが媒介に注意を向けるのは、せいぜい制度や技術に不具合があったときだけである。さらに厄介なことに、そうした媒介を通じて、資源環境を支配する力が特定の人に集中していたとしても、外からはそれが分かりにくい。フェンスで土地を物理的に囲い込む場合を除けば、所有権は目に見えないからである。

媒介の位置づけを図式化して考えてみよう。図5－1は最も一般的な二者関係であり、人間社会からの働きかけに自然環境が反応し、人間社会も再びそれに反応するという構図である。漁業で考えてみよう。ある地域で魚の乱獲が行われた結果、漁獲量が減少し、それに対して人間社会が禁漁政策を実施し資源の回復を待つというような因果の連関は、二者関係の図式に基づく説明である。

これに対して図5－2の三者関係の図式は、自然環境をめぐる人間と人間の関係という構図を前景化し、所有権を介したやりとりが、それぞれの人間社会に与える影響を見ようとするものである。図5－2における曲がった矢印が、一つの人間社会と別の人間社会をつなぐ媒介である。たとえば漁協の構成員でなければ漁ができない地域に、よその漁師が侵入してきた場合には争い

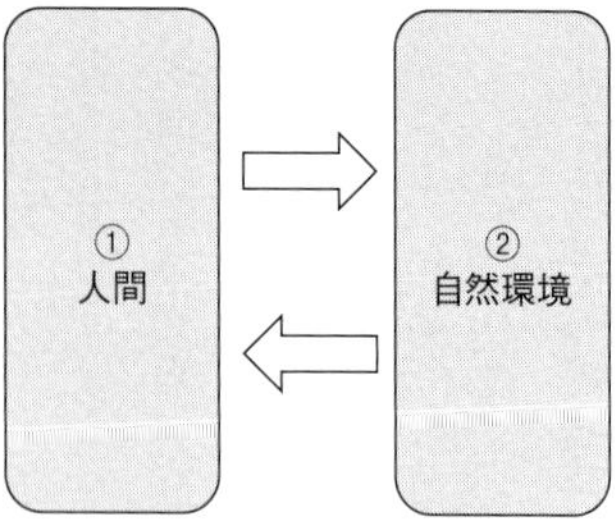

図5-1　二者関係の図式

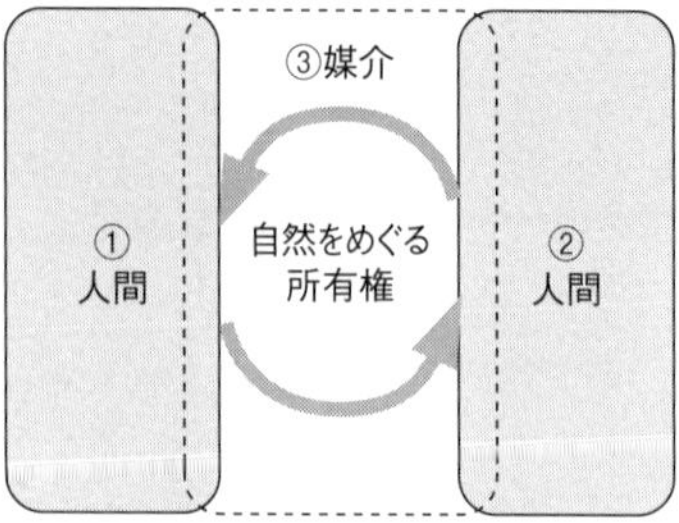

図5-2　三者関係の図式

が生じる。漁業権という制度は、こうした争いがなるべく生じないようにつくられたものである。

媒介がもたらす人間社会への影響は、同じ集団の内部に及ぶこともある。たとえば漁業における網元《あみもと》（漁船や漁網を所有する経営者）と網子《あみこ》（労力を提供する漁師）の関係は、漁獲の分け方だけでなく人間と人間の関係を規定する。網元は網子の労働力に依存し、網子も網元のおかげで漁業を生業とすることができる。

このように所有権は、制度として人間の依存関係を媒介する。ここで大事なことは、所有権による媒介が、網元、網子、魚の卸《おろし》売《うり》業者、小売店など、異なる立場にある関係者を互いに結びつけたり、他の人々を排除したりする力をもっているということだ。人間社会では、どの立場の人も、究極的には自然環境に依存して生活している。自然環境から資源を取り出して自らの富に変換するためには、他の人間との協力が欠かせない。だから協力を促すための様々なルールができる。こうしたルールは協力関係の「内」と「外」を区別する境界を定めることにもなる。このように、海で釣りあげた魚が自分のものになるかどうかは、それが明文化されているか否かにかかわらず、所有権を媒介にして決められるのである。

人間と人間の関係が自然をめぐる所有権に強く規定される事例は、その対象が海か山かを問わず世界各地で見られる。* 日本は自然をめぐる人間同士の争いが最も熾烈《しれつ》に展開した国であり、またそれが克明に記録されている国でもある。これから見る岩手県二戸《にのへ》郡にある小繋《こつなぎ》という小さな村の歴史は、争いのエスカレートがどのような順序で生じるのかを教えてくれる好例である。

## 日本の入会闘争の場合

では小繋事件を詳しく見てみよう。明治十（一八七七）年までさかのぼるこの事件は、岩手県奥地の一村落で、住民が長く入会林《いりあいりん》として共同利用していた山林を舞台とする。入会林とは、地域の集落が日々の生活に欠かせない薪や下草、きのこなどの採取先となる山林のことで、それを守るために、入山してよい時期、使ってよい道具などのルールが地域の住民たちによって慣習的に決められている共同利用林を指す。

事件は、この森林が明治政府の官民有地区分事業** の下で「民」に分類され、現場の資源利用の

＊　タイ、カンボジア、インドネシアにおける森林や河川、湖の漁場をめぐる国家と住民の対立や共存の事例については佐藤（二〇一九）を参照されたい。

＊＊　官民有地区分事業とは地券所有者に地租を課す地租改正の前提として国有地と民有地とを区分するために

実態を顧みることなく特定個人の所有に帰属（＝私的所有）されたことから始まった。裁判闘争は先祖代々の入会権を主張した地元住民を原告とし、近隣村や政府、陸軍まで巻き込みながら約九十年の長さに及び、一九六六年に最高裁において原告の敗訴、すなわち入会権の消滅を認める形で結審した。

結審までにこれだけの時間を要した大きな理由の一つは、森林の所有権がその土地に暮らしてない人物や組織に次々と転売され、権利関係が複雑になったことであった。地元住民たちは権利関係の所在にかかわらず日常生活のための薪や用材、栗の実、きのこ、わらびなどを採集し続けたが、不在地主らは土地に対する権利書を盾に陸軍の軍馬育成所建設など自らの利益につながる開発を推し進めた。最終的に不在地主らが山のすべてを開発せず、大部分を雑木林として残したのは、そこまで強引に開発してしまえば地元農民の報復を受けて何もかもを失うのを恐れてのことであった（戒能《かいのう》一九六四、六九頁）。

それにしても登記書類上の権利関係が明確であるにもかかわらず、小繋の山村がかくも長い係争の対象になりえたのは、なぜなのだろうか。それは、山に入ることを人々の生存権として認める明治時代以前からの慣行と、明治以後に新たに設けられた私的所有権制度が矛盾したとき、法律上は後者に軍配が上がっても、前者の要求はたやすく退けられるものではなかったからである。そして、事実、違法判決が出た後も、人々は生きるために山に入り続けた。最高裁の判決が下り、原告である小繋農民の敗訴が決定した後に農民の代表者が発した次の言葉は、彼らの暮らしにとっての入会林の必要性を率直かつ切実に表現している。

> 小繋事件は、刑事裁判としては終わりました。この判決によると、小繋部落には、入会権がないというのですが、しかし、私たちは、山がなくては、一日も生きてられません。……又、今私たちが手を暖めながら、この文章を書いている、この囲炉裏の薪も日々炊事に使っている薪も、やはりこの入会山から取ってくる外ありません。これが犯罪だというのであれば、私たちは働けば働くほど犯罪を重ねることになります。（篠崎 一九六六、一二八―一二九頁）

この点について小繋事件を長く追い続けた法社会学者の戒能通孝《みちたか》（一九〇八―七五）は、「米は食えるが着ることができず、布は着れるが食うことができないなど、所有権の対象になる物の性質に従って、支配の仕方が違うのは当然のことである」と断った上で、「村山」が建築用材、薪、木の実などを提供するものとして村人に求められているのであれば、所有権の所在がどこになろうと、山はそのような性格を維持しなくてはならないと言った（戒能 一九六四、三八頁）。

東京大学法学部教授の職を辞してまで小繋の人々の弁護に尽くした戒能の議論には説得力がある。自然が提供する便益と、それに対する地元住民の期待が、一つの歴史的なパッケージとしてある。

---

一八七四年から行われた調査事業である。この中で所有の確定が困難だった多くの山林原野が官有地に区分され、そうした土地を入会として利用していた住民たちとの争いが頻発した。

写真5-1　囲炉裏端で話し合う小繋の村人たち

成立している中で、国が実態にそぐわない制度を押し付けようとしても、現場では機能しないのである。

　人間がつくり出す制度は、あくまで自然物が提供するモノの性質に沿って整えられるべきものであるが、実際の制度の履行は人間関係に左右される。外部の人間の都合で制度が変更されても、現地に暮らす人々にとって村の山は村の山であり続けた。度重なる裁判によって入会権が否定され続けても自らの正当性を信じ、それを生活のために行使し続けた農民がいたのは、生存という原初的な動機づけが農民に戦い続ける強さを与えていたからであろう。*

　戒能が「所有権の対象になる物の性質に従って、支配の仕方が違うのは当然」と言ったことの意味を軽んじてはならない。というのも、「物の性質」を考えずに所有権を振りかざす争いは、小繋に限らず各地で生じているからである。**

　戒能がこの長い闘いの副産物として見出したのは、生存のために森林に依存し続ける正当性を主張した村人たちに権利意識が芽生えたことと、村人同士で団結する価値が確認されたこと、そして女性解放運動の覚醒など、それまでなかった新たな動きが村人たちの内側に育まれたことであった。所有権という強力な権利を付与したことで深まった村人と地主の対立は、村人たちが法律に則って権力に訴える方法を学ぶ機会にもなったのである。

私が小繋の事例を知って驚いたのは、依存関係から争いへの展開パターンが、自分に馴染みのある東南アジア各地の紛争とそっくりであることだった。「こつなぎの会」と呼ばれる支援者の団体ができていたことも、NGOが各地で村人を支援している東南アジアの事情と似ている。違いといえば、日本のそれは長く熾烈な争いであったということだ。東南アジアでは、国家の強引な森林政策に抑圧された人々も、やがては別の経済手段を見つけて森から離れていくことが多い。日本にもそうした側面がないわけではなかったが、小繋事件のように山をめぐって九十年以上にわたる闘い

＊　戒能は山に依存する山村農民と海に依存する漁民の共通項として、「自然が与えてくれる物を拾いとる拾い屋であること」を指摘し、「拾い屋であるかぎり、どうしても拾う場所を確保するために、漁区や村山をまもるにつき必死にならねばならない」と指摘した（戒能 一九六四、三八―三九頁）。

＊＊　こつなぎの会のメンバーで、入会をめぐる法律相談を受けていた東京大学法学部教授（当時）の渡辺洋三は、一九六〇年代前半の話として「基地で入会権がうばわれる問題、電源開発で入会山が水没される問題、町村合併で入会権が危機に瀕している問題、開墾政策で入会地がなくなる問題、地主の植林で入会地がつぶされる問題など」をめぐって全国各地から相談が舞い込んでいると指摘していた（渡辺 一九九九、三五四頁）。

写真5-2　小繋の入会林で薪を運ぶ村人

が展開され、かつ記録されている例は国際的にも稀有ではないかと思う。

　人間は様々な媒介を用いて自然への支配を強めてきた。本章では一連の媒介の中でも所有権に注目したが、媒介には他にも多様な種類がある。そこで次の節では日本の文脈を離れて、戒能が取り上げた「物の性質」を引き出す「技術」という視点から、媒介の働きを考えてみよう。

## 拡張物としてのモノ・制度

技術を重要な媒介と見なして、その変化をダイナミックに捉えようとした人物にマーシャル・マクルーハン（一九一一―八〇）がいる。彼は、有形・無形を問わず、人間の手による「人間の身体および精神の拡張物」を媒介＝メディアと呼んだ（マクルーハン＆マクルーハン二〇〇二）。彼の表現を借りれば、大工道具は手の拡張物であり、マイクは声の拡張物、自動車や鉄道などの交通手段は足の拡張物である。人間はこれらの拡張物を駆使しながら自然をその支配下においてきたというのがマクルーハンの考えだ。

マクルーハンによると、人類史において最も主要な技術は、（1）文字、（2）印刷術、（3）電子メディアである。これらは人間活動の利便性を向上させる手段になっただけでなく、人間そのものを形づくることにもつながったと彼は考えた。たとえば文字技術の発達は人間の五感の中で視覚を優位に立たせた一方で、それ以外の感覚を抑圧した。印刷術は、その均質なものを生み出す性質によって人々に「世界の均質性」を布教したが、その一方で、伝統的に五感をフル活用していた部族社会を崩壊させ、均質化の意識に基づく競争社会を生み出した（マクルーハン＆パワーズ 二〇〇三）。

マクルーハンは本章が注目してきたような制度や政策といった非物質的な人工物について明示的に論じていないが、彼のアイディアを援用すれば、私的所有権は「支配力の拡張物」と言えそうだ。彼が特に注目した文字や印刷術は、所有権を均質化し、確かなものにするために間違いなく役立ってきた。

物質的であれ、非物質的であれ、新しいメディア＝媒介の登場が様々な人間をそれまでにない形で結び付けたり、切り離したりしていることは、今日のSNSがもたらしている結束と分断を見れば一目瞭然である。SNSはまさに人間の自己顕示欲の拡張物であると言える。人間社会への新たな人工物＝媒介の人間社会への挿入が生み出す拡張と切断の連続には、次の四つの影響パターンがある（マクルーハン＆マクルーハン二〇〇二、一三六頁）。
・強化＝その人工物が強化したり、可能にしたり、加速するものは何か？
・衰退＝それにより、追いやられ、廃れ、減るものは何か？
・回復＝かつてあった作用や便宜のうち、回復され、再現されるものは何か？
・反転＝以前の状態が限界まで圧迫されると、もとの性質から反転したりはね返ったりすることがある。それはどのようなものか？

ここで、これまで繰り返し例に挙げてきた森林を題材に、右の四つの影響パターンが人と人の依存関係や争いとどのようにつながるのかを確認しておこう。

マクルーハン風にいえば、森林保護は国家による森林監視の目の拡張である。その柱となる政策は、土地利用の規制である。企業などによる開発活動を禁じ、農民には特定の場所での農耕を禁じ、場合によっては居住さえ禁じることで森林を外部の脅威から守る政策は、世界各地で見られる。こうした土地政策が「強化」するのは、居住空間と生業活動の規格化を通じた政府による支配である。政府は誰がどこでどのような活動をしているかを把握するための監視の目を広げ、違法な活動を取り締まり、合法な活動には許認可を出すという形で権限を拡大していく。

このときに「衰退」するのは地域住民の資源管理能力である。住民のオーナーシップ意識が強い地域では、部外者による不法伐採に対するパトロール、山火事の監視と消火、林産物の採取に関する独自のルール設定など、森林管理のための共同体規則が確立されている場合がある。地域住民が森林から排除されてしまえば、それまで存在した森林に関する知識も受け継がれなくなってしまう。

一方、トップダウンの保護政策によって「回復」されうるのは、住民たちの文化的アイデンティティ、土地や共同体への帰属意識、利害を超えて連帯することの価値や権利意識などがあろう。小繋村の例で見たように、外部との争いは人々の帰属意識を強め、外部に対抗する手段の模索を促す側面がある。また、森林の植生や動物個体数に代表される生態系サービスが回復する可能性もある。あるいは、森林保護が重要な政策課題になったことで、林業衰退後に存在感が薄れていた政府の森林局のプレゼンス向上もあるだろう。*

「反転」しうるのは地域住民と森林保護の関係である。政府が住民を森林保護の「敵」と見なして排除を強めれば、住民が森林保護に協力しなくなるのは当然である。たとえば政府による森林の囲い込みが進んだ一九八〇年代の東南アジアでは、各地で住民の抵抗運動が盛んに展開された。入会をめぐる国家と地域社会の対立は、先に紹介した小繋の事例に限らず日本中で見られる**

＊　これらの動きは、もともと存在したものが復活したわけでは必ずしもないという意味で厳密には「回復」ではない。しかし、人々が自らの立ち位置を新しいまなざしで自覚し、原点回帰をしたという側面では「回復」である。

＊＊　媒介としての山や森の価値がその後の日本社会で大きく変貌したことは言うまでもない。現在の課題は、山林の獲得や開発ではなく、維持管理であり、経済性を失った森林との向き合い方である。

（早坂二〇一五）。必要以上に森林を伐採したり、国有林に放火したりといった実力行使は、典型的な反転の事例であると考えてよい。

## 媒介の働きと争いの重症化

以上、媒介が人間社会に与える影響を、マクルーハンの理論によりながら四つの動きにまとめてみた。本書のテーマに照らして考えなくてはならない問題は、所有権という媒介が争いの重症化とどのような回路でつながっているのか、という点である。これまでの議論から二つの回路が見えてきた。

一つ目の回路は、外部者の強力な関与が、発生現場の人々の手に負えない規模に争いを拡大してしまう場合である。近代社会における所有権の導入は、経済力の乏しい人々にとってはまさに身の回りの資源が地元から離れていくプロセスであった。環境紛争では、土地や資源をめぐる争いはもちろん、きれいな水や空気をめぐる争い、公害をめぐる健康被害、生業や文化的アイデンティティの存続問題など、外部者の関与によって引き起こされる例が多い。それらの大部分は、稀少な資源や土地を求めてやってくる企業や個人がその支配権を拡大することで地域の人々を敵に回してしまう反転を伴った。資源の支配権を外部者に譲ろうとしない地域住民が抵抗する場合、小繋村の事例で見たように争いは長引いてしまう。

二つ目は、紛争の調停者であるはずの国家が特定の勢力に加担してしまう場合である。特に武力を背景とした国際調停がかえって問題を深刻化させてしまうことがある。大きな権力が争いにかかわるほど、潜在的な暴力の程度も大きく、争いも重症化する。* 自然や環境の管理が国家の仕事になると、様々な基準やルールを国が決めることになる。そうなれば、地域にあった資源をめぐる裁量権は中央へと吸い上げられるだけでなく、自然を所有し、開発する許認可権そのものが一つの利権となってしまうのである。

以上のように、媒介による人間社会への四つの動きは、地域における人々と資源との間の依存関係の切断、地域社会そのものの相互依存関係の衰退、そしてそれに乗じて介入してくる国家や利害関係者による権利拡張によって重症化の度を増す可能性がある。広大な自然環境は、倫理的にも物理的にも誰かが独り占めできるようなものではない。だからこそ、自然資源は地域住民の生活のよりどころとして長く機能し、地域社会はそれぞれ独自の資源管理ルールを形成してきた。そこに国家権力を背景とした所有権の力が加わると、ローカルな生存の論理は国家や市場の論理に飲み込まれ、結果としては自然環境とのバランスが崩れて争いが起きやすくなるのである。

* 環境紛争に関する世界規模の調査によれば、環境運動家の殺害などを含む暴力や圧政は、主に先住民や少数民族に対して行使される傾向が強い（Global Witness 2019）。

## 共有空間の回復

私的所有の領域が益々拡大する中で、今なお私有されないコモンズが残っていることは、特定個人にすべての特権を集中させることの難しさを教えてくれる。私的所有が上手く機能するためには、それを下支えする共有空間が必要になるからである。たとえば、私的所有権の集合体であるマンションには、共有のゴミ捨て場やロビー、玄関、共同トイレ、エレベーターなど、集合的に管理しなければならない空間がある。農村生活においては、森林、河川、放牧地、ため池などがコモンズにあたる。前述した小繋事件で係争の対象となった入会林もその一つである。こうしたコモンズは、私的所有空間と別次元にあるものではなく、相互に支え合っている。コモンズが安定的に機能しているからこそ、私的空間が維持できているとさえ言ってよい。

合理的な個人は自己利益を最優先するはずだから他人とは協力しないと割り切ってしまうと、コモンズの維持は外部者による押し付けでしか成り立たないことになる。実際、「閉じた依存関係」に立脚した伝統的なコモンズでは、限られた資源をめぐる集団内部での熾烈な争いがあった。日本では田畑に引くための灌漑用水をめぐる争いが村人たちの手に負えなくなると、村の外にある外部の権威に仲裁を頼むのが一般的であった（辻田 一九七八）。

こうした地域レベルの資源に着目して、外部の力に頼らなくても人々が自主的な共有資源管理の秩序を生成できている事例を世界各地の現場で発見し、それが機能するメカニズムを「八つの原則」にまとめて体系化したのがエリノア・オストロム（一九三三―二〇一二）である。オストロムはローカルな資源管理集団の主体性に着目し、「利己的な個人」が協力する条件を実証的に解明した*。

オストロムの言うコモンズは、伝統的な慣習が行き届く程度に人々の依存関係が閉じていて、その他の依存先の選択肢が少ない地域であるからこそ媒介として機能すると私は考える。人が自由に依存先を変えられるとなれば、村八分のような懲罰は機能しないだろう。掟《おきて》を破った者は、別の村や依存先に移動すればよいだけだからだ。

自然をめぐる争いを抑えるためには、争いの当事者である人間集団に注目するだけではなく、対立する人間同士を媒介している制度や慣習を見なくてはならないというのが本章のメッセージである。私的所有権という媒介は、各地に散らばっている諸資源を特定の人や集団に集中させる力をもっている。特に、コモンズが生活の基盤にある農村地域への私的所有権の導入は、山林の資源に頼って生活する人々を資源から引きはがすという暴力を伴った。だからといって、あらゆ

＊　具体的には、（1）コモンズの境界が明らかであること、（2）コモンズの利用と維持管理のルールが地域的条件と調和していること、（3）集団の決定に構成員が参加できること、（4）ルール遵守についての監視がなされていること、（5）違反へのペナルティは段階をもってなされること、（6）紛争解決のメカニズムが備わっていること、（7）コモンズを組織する主体に権利が承認されていること、（8）コモンズの組織が入れ子状になっていること、である（Ostrom 1990）。オストロムは、この業績が評価されて二〇〇九年にノーベル経済学賞を受賞した。

る自然を共有管理することは現実的ではないし、私的所有権の持ち主からすれば、自分の貯えを「共有」の名の下に奪い取られることこそ暴力に他ならない。

自然環境からの恵みという公益を守り、なおかつ私的所有の拡大が争いの源にならないようにするには、どうすればよいのか。私は、国家の近代化の過程で中央集権化された制度を、再び各地域の特性に応じて順応的につくり直すことが必要ではないかと考えている。日本のように耕作放棄地が増えている地域にあっては、現場から離れたところで暮らす人に所有権や利用権を与えることも避けられないだろう。しかし、地域の生活者が活発な場所については、「自然をめぐる媒介」を、各地域の特性に合わせて戻していく必要があるのではないだろうか。

所有対象となる自然資源を、そこに暮らす人々に戻すという本章の示唆は、近代以降の資本主義社会が重じてきた効率性の教義に反する側面もある。地域に暮らす人々が資源の最も効果的な使い手とは限らないからである。ここで求められるのは、限られたコモンズを分け合うという伝統的な方法の復活ではなく、使われずに余っている資源をコモンズとして回復するという新たな発想である。耕作放棄地は、そのままにしておくと災害や野生動物による獣害、不法投棄などのリスクが高まる。そこで一部の地域で始まっているのが、そうした土地の貸し借りを円滑にし、「農地バンク」として、新規就農者に貸し出す取り組みである。このように「利用」の幅を広げて、私的所有と国有の中間領域を模索する試みは、他のコモンズにおいても検討してみる価値がある。

## 媒介から中間を展望する

本章では所有権を対象に様々な媒介の働き方に注目し、自然と人間ではなく、人間と人間の関係から自然をめぐる争いの考察を試みた。本章の冒頭で述べたように、欧米で始まった私的所有の制度は、個々人が自分の財産を守るための制度的な基盤になるという面では、あからさまに収奪と争いを防ぐ役割を果たす。私たちが私的所有できる対象は限られていて、なおかつ移ろいやすい。むしろ、あたりまえであるがゆえに気がつかない媒介の役割にもっと目を向けるべきではないのか。

経済のグローバル化と私的所有権の拡大は、これからも様々な環境紛争の火種になるだろう。資源環境をめぐる争いを手に負える範囲に収めていくには、人を結び付けたり突き放したりする媒介の働きに注意を払い、市場経済の拡大が権力の集中などにつながらないようにする工夫が必要である。

本章エピグラフの『ビルマの竪琴』の言葉を借りれば、私たちが忘れつつある「天地の中にとけこもうとする」という姿勢にヒントがある。人間は、天に身を任せる場面と、人として主体性を発揮する場面とを自覚的に選び取ることができる。そのとき、人は独りで生きているわけではないことを自覚し、場面に応じて仲間の助けを求め、個人と国家のほどよい「中間」を模索する。「何でも所有できる」という発想が優越しているときには、自分たちが周囲の依存関係に支えられた不安定な存在であるという自覚が大切である。求めるものが富であれ権力であれ、中間に向かう努力をないがしろにして一つの極端に走る人間は、やがて自分が犠牲にしてきたものを敵に回し、争いを呼び込みやすい。争いに火がつくのは、人間の感情が刺激されるからだけではなく、資源の偏りや集中を招き入れる所有権制度という媒介がそう仕向けている場合もある。そうだとすれば、私たちは争いそのものよりも、争いを促す人と人の「つなぎ目」にもっと目配りをしなくてはならない。

次章では、米国と共産主義との争いを見る。私的所有を否定する共産主義と、その共産主義を敵視して私的所有と個人の自由を守ろうとする米国を中心とした勢力の争いは、歴史の中で例を見ないほど残虐な暴力を生み出した。あらゆるものは私的所有の対象であるという発想が暴力的であるとすれば、あらゆるものを共有すべきという発想も、また暴力である。いずれの場合でも、支配の求心力は閉じた依存関係に支えられていた。本書がその力を「中間」に戻していこうと提案するのは、これが理由である。

# 第六章
# 独裁権力——依存関係を閉じる言葉

人はまず最初に、力によって強制されたり、うち負かされたりして隷従する。だが、のちに現れる人々は、悔いもなく隷従するし、先人たちが強制されてなしたことを、進んで行うようになる。

——エティエンヌ・ド・ラ・ボエシ『自発的隷従論』

## 依存と言葉

家庭での虐待や学校でのいじめなど、閉じた空間における暴力のほとんどは、一般の耳目に触れることなく葬り去られている。弱者は何らかの側面で強者に依存しているために、そこから逃れる選択肢がなく抵抗もままならない。このような依存が争いの温床になっていることは間違いないとしても、それを弱者による強者への依存という視角だけから理解しようとすると、すぐに壁にぶつかってしまう。

実は、強い者も弱い者を必要としているのである。一見、全能であるかに見える権力者も、自らの権力を維持しその意思を実行に移すために特定の誰かに依存しなくてはならないときが必ずである。依存は双方向的に「依存関係」として捉えるべきなのである。

この視点から、特定の人に特権が集中し、支配が末端まで徹底してしまうメカニズムを理解してみよう。本章で特に注目するのが、権力者が巧みに操作する情報であり、情報を運ぶ器となる言葉である。人間同士の依存関係を規定する言葉の働きには、語ることだけではなく、語らないこと／語らせないことも含まれる。そして、こうした言葉が媒介する人と人の依存関係は、いつしか「自発的に」権力者を支える仕組みに転化してしまう。ぶつかり合う争いを抑えるのも重要だが、一元的な支配の拡大は見えにくいため、より強く警戒しなくてはならない。

エピグラフに掲げた、フランスの人文主義者で裁判官でもあったエティエンヌ・ド・ラ・ボエシ（一五三〇―六三）の文章は、かれこれ五百年近く前のものである。『自発的隷従論』という刺激的な書物にあるこの言葉が時間の経過を感じさせないのは、力が集中するときに起きることの本質がさほど変化していないからなのだろう。人類が人民の意思の実現を中心におく民主主義という政治制度を発明してから長い時間がたったが、今でも民主国家を標榜《ひょうぼう》する国ですら国家権力を飼いならすのに苦労している。

ここで、自国民にさえ冷酷な暴力を振るい続けたヒトラーやスターリン、毛沢東が、大多数の民衆からの強力な支持を受けて支配を確立したことを忘れてはならない。全体主義の構造を分析した政治哲学者のハンナ・アーレント（一九〇六―七五）は言う。

……権力を握っている間の全体主義政権、また生きている間の全体主義の指導者が、プロパガンダによって人為的につくられたとは言えない本物の人気を享受していたことを忘れてしまうのは、もっと重大な誤りであろう。全体的支配《トターレ・ヘルシャフト》は大衆運動がなければ、そしてそのテロルに威嚇された大衆の支持がなければ、不可能である。

（アーレント二〇一七、四頁）

独裁者らが行った凄惨な虐殺や一方的な投獄は、独裁体制の背後にある依存関係の危うさを彼らが自覚していたことの表れと見てよいだろう。独裁者は依存関係が開かれてしまうのを恐れるのである。

本章が注目するのは、主に一九六〇―八〇年代に東南アジアで絶対権力を振るった独裁者たちである。具体的には、カンボジアのポル・ポト、インドネシアのスハルト、フィリピンのF・マルコスである。今になってこれら過去の独裁者を取り上げるのは、彼らの暴力や虐殺行為の実態が近年になってようやく語られ、その全貌が明るみに出るようになったからである。* これから見るように、これらの独裁者は人間的に特異な「怪物」であったわけではないし、理解不能な異常さを備えていたわけでもない。調べるほどに、こうした独裁者はどこの国に、いつ登場してもお

* 関連する文献としては、比較的最近の東南アジアにおける強権政治についてまとめた外山ほか編（二〇一八）や二〇〇〇年代以降の「民主的に装う」独裁体制の危うさについて論じたGuriev and Treisman (2022) を参照されたい。なお、ポル・ポトについてはドキュメンタリー映画 *Enemies of the People* (2009) が示唆に富む。

かしくないと感じられるような人物たちなのである。

私が「独裁権力」と呼ぶのは、程度の差こそあれ、その領土内に暮らす大多数の人々が一人の権力者の意思に依存しているような統治体制のことである。そこでは大衆一人ひとりの人権や考え方は、権力者に都合のよい範囲内でのみ許容され、権力者の方針から逸脱する者は問答無用に排除される。独裁者らは暴力や脅しだけではなく、「言葉」を巧みに操って国家運営を行い、民衆との間に閉じた依存関係を形成する。

独裁者は、国の内外から支持を得るためにどのような言葉を用いたのか。そして、排除すべき「敵」をどのような言葉で特徴づけたのか。独裁者たちの言葉づかいを読み解き、民衆が彼らの語りに煽動《せんどう》されやすい理由を分析できれば、言葉と権力の集中がどう関係するのかを明らかにできるのではないか。これが本章の問題意識である。

## 「政府による死」——国家が人殺しを主導するとき

東南アジアの諸国家は、その大部分が一九七〇年代頃から順調な経済成長をとげた。特にインドネシア、タイ、マレーシアは高い経済成長を誇り、道路や鉄道などの社会インフラを充実させながら国民の平均的な富の増大に成功した。その輝かしい経済発展は一九九〇年代になると「東アジアの奇跡」と称されるほど高く評価されるようになる。中でもインドネシアは、初等・中等教育を中心とする人的資本の育成における「成功例」として、格差是正の面でも賞賛された（世界銀行 一九九四、一八七頁）。

冷戦期の東南アジア諸国の発展が軍事政権・独裁政権に牽引されていたという事実に目を向ける研究者でさえも、それらの政権が人々に何をしてきたのかという点に触れることは少ない（Rock 2017）。開発や対外援助の専門家はなおさらそうである。だが、ひとたび経済成長の陰で政府が自国民に対して行ってきた暴力を直視すると、「発展」の違った側面が見えてくる。権力者は情報と伝達手段を操作し、情報を受け止める側近たちや民衆は自分に害が及ばないよう忖度《そんたく》をする。その結果、「発展」の陰では情報の選択的な利用に基づく、いびつな依存関係がつくられるのである。

本章で注目するのは、ベトナム戦争などの国家間の争いではなく、一国内で引き起こされた暴力である。国家による暴力が厄介なのは、もともと国家にだけ警察や軍隊といった「正当な暴力」の独占が認められているからである。国家が成立する以前の暴力は、各地の領主を主体として不規則に発生するものであった。そうした暴力の手段を国家の下に集めることで、人々は平和裏に経済活動に従事できるようになるというのが「近代国家」の想定である（Bates 2009）。

ところが、第二次世界大戦後の東南アジアだけを見ても、決して少なくない数の民衆に支持されて成立したはずの政府が自らの国民を積極的に死に追いやっている事実には驚かざるをえない。表6－1に掲げた死者数には、政府や国軍が直接手を下してはいないものも含まれるが、その間

表6-1　東南アジア3カ国における虐殺の事例

| 国　名<br>（独裁者） | 期　間 | 対　象 | 虐殺された人数の推計値 |
|---|---|---|---|
| カンボジア<br>（ポル・ポト） | 1975-79 | 国内の知識人層、<br>ベトナム人 | 167万1000千人<br>（Kwok 2021） |
| インドネシア<br>（スハルト） | 1965-66 | 「共産主義者」 | 50-100万人<br>（Robinson 2021） |
| フィリピン<br>（マルコス） | 1968-85 | 「共産主義者」 | 3257人<br>（McCoy 2021） |

接的な関わりは否定できない。こうした虐殺と暴力をもたらした依存関係とはどのようなものだったのだろうか。

まずは、アジアの現代史の中でも最も悪名高いカンボジアのポル・ポト政権を振り返ってみよう。

## カンボジアのポル・ポト――曖昧な指示と実行部隊の忖度

カンボジアは一八六三年からフランスによる植民地統治を受けていた国である。かつては地域一帯をクメール王朝として支配していたこの国で「クメール・ルージュ」と呼ばれる極左の反政府武装組織による闘争が始まった契機は、一九五三年のフランスからの独立であった。欧米による植民地化に徹底抗戦を誓って結成されていたこの共産主義勢力は、やがて自国民の殺害へとそのエネルギーを向けることになる。

クメール・ルージュは、ベトナム戦争時の米軍による空爆への反感から結束を強め、その勢力を拡大した。米軍によるカンボジア全土への空爆は一九六五年十月から七三年八月にかけて断続的に続き、投下された爆弾の量は、第二次世界大戦で日本に投下された爆薬の三倍ともいわれる（ショート 二〇〇八、Owen and Kiernan 2006）。この空爆により多くの避難民が生まれるなど、カンボジア社会の不満・不安が膨張したことで、多くの人々がポル・ポト（一九二五／二八―九八。一九七六―七九年に首相）の主導するクメール・ルージュを支持するようになり、その影響力は強大化した。大量の餓死者を出すことにつながった、都市住民の農村への強制移住には、都市部にはびこる「悪い資本主義」を追放するという狙いもあったとされる（ショート 二〇〇八、三七六―三七七頁）。

クメール・ルージュは一九七五年四月に首都プノンペンを占領して政権を奪取すると、翌七六年一月に新憲法を発布、国名を民主カンプチアと改めた。同年四月、ポル・ポトが首相に選出されると、共産党以外の勢力は排除され、ここに独裁政権の基盤が固まった。

ポル・ポトは経済的な「自給自足」を国是としてナショナリズムを喚起し、あらゆる面における「私的なもの」を禁じる共産主義を追求した（Kiernan 2004: xix）。それは第五章で見た、資本主義社会における私的所有の拡大傾向と正反対の方向性であった。彼は各地に存在していた農業協同組合を「再教育センター」と呼び、すべての生産手段を共同所有としながら農業の再建を優先した（糸賀 一九八四、一五七頁）。私的所有の徹底的な排除と集団主義の徹底が行われた民主カンプチアでは、「わたし」ではなく「わたしたち」と言わなくてはならず、すべての人間関係が集団化された（ショート 二〇〇八、四九二頁）。外部勢力の遮断と対外依存の徹底的な否定が、国内各地の労働者らを極端に搾り上げる体制づくりを加速した。

階級をなくし、すべての生産手段の共有を実践する原始共産制を理想としたポル・ポトは、「文化浄化」の名の下に、外国人を排除して自国の知識人も冷徹なまでに粛清した。粛清の対象は医者や教師といった知識人層にとどまらず、文字や時計を使うなど、少しでも知識があるとみられる者は容赦なく殺害する愚民化政策が断行された。ポル・ポトの虐殺は直接殺害された人数以上に、強制労働に伴う病死や餓死によるものが相当数に上る。こうした暴力は一九七九年一月にベトナム軍によってポル・ポトが追放されるまで続けられたのである。

暴力はなぜこうも激化してしまったのか。笑顔が印象的であったとされるポル・ポトに普通の人間とは異なる生来の残忍さがあったとは考えにくい。ポル・ポト政権における地方幹部は、その都度ポル・ポトから殺人の指示が明示的にあったわけではなかったとも証言している（ショート二〇〇八、三七三頁）。ラジオ無線での伝令さえ禁じられていたという民主カンプチア国では、中央の伝令が地方に行きわたるには幾日も要し、指示内容は曖昧で、末端にいくほど「上意」の解釈の幅は大きかった。

では何が暴力を拡大したのか。カンボジアの各地方における大量殺人の経緯と分布を分析した研究によると、最初に大規模な殺人が行われたのは首都から遠く離れた地域においてであった（Kwok 2021）。首都から離れた場所ほど、中央からの承認欲求が強く、実行部隊による「中央の意向」への忖度が、殺人という見えやすい成果を求める行動に転化してしまったのである。クメール・ルージュの参加者への取材に基づくドキュメンタリー映画 *Enemies of the People*（二〇〇九年）におけるインタビューシーンでは、かつての殺人者が殺人に関与した理由を「上からの指示に従っただけ」と答える場面が印象的である。現場の指揮官による中央への忖度と、周りに相談できない孤立感に駆り立てられて、暴力がエスカレートしていた可能性が見えてくる。人々はバラバラの個人として、恐怖を介して非常に不安定なかたちで中央とつながっていたのである。

大虐殺が生じたメカニズムの解明に取り組んだクオックによると、そもそも中央と地方の武装組織の連携が不十分で、なおかつ地方の武装組織同士の情報交流が意図的に遮断されていたことが地方の武装集団同士の競争を激化させた。つまり、地方のリーダーはより「派手な」暴力を実現することで、中央が期待するような功を立てようとしていたわけである（Kwok 2021: 95）。

写真6-1　笑顔が周囲を魅了したポル・ポト

このように中央による承認と報酬を求める地方の実行部隊は、横につながっておらず互いに孤立していたことが争いの重症化を招いたと考えられる。指揮命令系統がよく分からないにもかかわらず、それに従うしかない体制は文字通り「閉じた依存関係」であった。その閉鎖性こそ、残忍な暴力の継続を担保してしまった根底的な要因である。情報統制によって分断され、互いのコミュニケーションを禁じられた実行部隊は自らの孤立の恐怖をごまかすかのように、必ずしも命じられていない見せしめのための暴力に走り、暴力を振るわれる側の人々は、連帯や結束の機会を剝奪《はくだつ》されて権力への依存をさらに深めてしまう。

ヒトラーの演説に象徴されるような、特定のイデオロギーを伝達する力強い言葉も威力をもつが、ポル・ポト時代のカンボジアでは、実行部隊や一般大衆の孤立化が暴力をエスカレートさせた。そもそも共産党内部においても重要な決定はポル・ポトの側近の範囲で秘密裏に決められていた（Chindawongse 1991: 137）。誰がいつ密告するか分からないという恐怖は、狭く閉じた依存関係の中で人々を萎縮させ、他者に共感する余裕を失わせたのだろう。誰も信用できないという閉じた依存関係は、他者の介入の機会を最小化し、かえって支配の求心力を強めたのである。

この時代のカンボジアにおける「政府による死」の責任をすべてポル・ポトや、その側近たちになすりつけることはできない。一九七〇年代前半に大量の国内難民を生み出した米国による空爆がなければ、あれほど強烈なイデオロギーをもったポル・ポトとその支持者らは生まれなかったただろう。クメール・ルージュの残忍さには、それに先立つ他国による暴力があったことを忘れてはならないだろう。ポル・ポトに焦点を絞って「あのとき何が起きていたのか」という事実関係を解き明かす作業は重要である。しかし、後世に生きる私たちは、ポル・ポトを取り巻いていた国際環境を含めて「何がそれを引き起こしたのか」という視点から、自分たちの言葉であの暗黒時代を語り直さなくてはならない。

## フィリピンのマルコス――「それ以外に方法がない」

フィリピンでフェルディナンド・マルコス（一九一七―八九、一九六五―八六年に大統領）が大統領に選出されたのは一九六五年である。彼は、その後、二十年の長きにわたって大統領の地位に君臨した。マルコスは、すでに進んでいた中央集権化の流れに乗り、政府内での昇進をインセンティブにして人事権を巧みに使うなどしながら、軍や警察を掌握し、権力の基盤を固めていった。一九七二年に布告された戒厳令は、反対勢力を一気に弾圧する契機となり、一極集中はさらに加速した。

政治の側面だけではない。第二次世界大戦後の独立と国家再建に合わせて強く推進されたのは、かつて輸入に頼っていた物品を国産化していくという輸入代替政策である。この政策では、部品輸入に必要な外貨を得るための為替（両替）から輸入の関税に至るまで、すべての手続において政府の許可を必須とし、結果として中央政府に大きな権限が集まった（Hawes 1987: 34）。米国統治時代に形成された、土地を基盤とする分散的な利権構造が、許認可権に基づく一極集中的な構造に再編成されたのである。土地に既得権をもつ地方の有力者たちは、輸出志向の経済成長を模索し、輸入代替を目指す新興の勢力と対立した。マルコスはこの間隙を縫って権力基盤を拡大したのである（Bourdreau 2004: 70）。

東南アジアで見られたいくつかの独裁政権の中でも、マルコスのそれは比較的「温和」であったと言われている（Bourdreau 2004: 64）。だが、それは高圧的なスハルトやポル・ポトとの比較に

写真6-2　演説が巧みだったF.マルコス

おいてそう見えるだけのことで、マルコスの時代を生きた人々は決してそうは考えていない。一九七二年の戒厳令以降の露骨な言論統制と弾圧は今も多くの人々の記憶に焼き付いており、二〇二二年五月にマルコスの息子（ボンボン・マルコス）が大統領選に勝利すると、弾圧の歴史をなかったものにしようとする当局の動きに危機感を強めた人々の運動が活発化した*。国際的な人権保護団体であるアムネスティや一部の研究者の推計によると、F・マルコス時代に三千人以上の殺害、三万人の拷問《ごうもん》、七万人にも上る人々の投獄があったと報告されている（Amnesty International 1976; Robles 2016）。

マルコスがかくも長く大統領の座に君臨できたのには、その熟練した話術が関係していた。彼の頭の回転の速さと弁舌の冴えは、マスコミをして「アジアのケネディ」と持ち上げさせたほどである（大野ら編 二〇〇九、一七四頁）。一九七二年九月二一日に戒厳令を布告したマルコスは、それが施行された翌日の二十三日に戒厳令の正当性を国民に向けて次のように語っている。

……私は、共和国の正当に選挙された大統領として、軍当局より実施されるこの権限を行使しており、それは、依然として、わがフィリピン民主主義を守るために憲法に包含されている権限である。……私は、また、これが無謀な決定ではないことを、あなた方に明らかにする。私は、すべての要因を考慮に入れた。我々の置かれている立場と能力の範囲で、この問題（共産主義者の反乱）を解決するためにできる方法が他にあるなら、私は、そのような解決策を採るだろうし、私もその方法を選定しただろう。しかし、そのような方法はない。

（浦野編 二〇〇〇、二四八頁）

マルコスは「民主主義の強化」を謳いながら、情報統制を行い、政府に批判的な勢力を徹底的に弾圧した。「他に方法がない」というのがマルコスの論理であったことは、右の発言からも読み取れる。

あまり知られていないマルコス政権の「遺産」として、マルコスがアフリカのケニアから買った百頭以上の野生動物を集めて一九七六年に建設したサファリパークがある。カラミアン諸島のパラワン州にあるカラウィット島につくられたこのサファリパークは、「自然保護」もまたマルコスの話法の一つとして利用されたことを示す例である。「絶滅から保護するため」という名目でアフリカからつれてこられたキリンやシマウマなどの動物たちに場所を提供するため、マルコスはそれまでカラウィット島に暮らしていた二百五十四世帯もの先住民を強制排除した（Mellor

＊ たとえば戒厳令にかかわる歴史プロジェクト The Martial Law Project 〈https://www.martiallawchroniclesproject.com〉を参照。

2013）。その後の調査は、マルコスの狙いが動物の保護そのものではなく、ツーリズムの振興にあったことを明らかにしている（Filipino Express 2011）。保護目的でアフリカからつれてこられた動物たちの暮らす島が、マルコスの失脚後、一攫千金を狙う密猟スポットと化してしまったのは歴史の皮肉としか言いようがない。

もちろん、彼の築いた依存関係は、言葉の力だけによるものではなかった。マルコスが手にした富は周到に分配され、彼の支配を確かなものにした。戒厳令の下で強調された「それ以外に方法はない」という論理は、巧みな利益分配と組み合わさって、社会の依存関係を閉じる方向に向けたのである。

マルコスが二十年にわたる独裁を通じて富裕層との間に築き上げた依存関係の根強さは、先にも述べた息子のボンボン・マルコスの大統領当選が如実に物語っている。一向に是正されない貧富の格差に対する不満に対する反発を吸収するかのように、多数の人々が独裁者の息子を熱狂的に支えた。ボンボン・マルコスの大統領就任を歓迎する人々は再び「あの時代」の栄光を求め、かつて弾圧された人々は再び「あの時代」の不安を思い出し、それぞれの目で政治の推移を眺めているのである。

## インドネシアのスハルト――共産主義者の「再教育」

インドネシアの現代史で大きな転換点となったのは、一九六五年九月三十日である。第三章では、一九五九年にインドネシアのスカルノ大統領が西側援助国の専門家らを相手に行った演説の一部を紹介した。植民地主義への強烈な嫌悪とナショナリズムの擁護が印象的なこの演説の熱量は、十七世紀初めから三百年以上に及んだオランダによる統治と、一九四二年に始まる日本統治からようやく解放されたインドネシア国民の自負を反映していたに違いない。そのインドネシアで、歴史に大きな負の遺産を残したのが、いわゆる9・30事件である。

9・30事件とは、一九六五年末から一九六六年初頭にかけて五十万人とも言われる共産主義者や左派勢力が虐殺され、百万人とも言われる人々が投獄・拷問の対象になった事件である（Robinson 2021: 21）。虐殺で狙われたのは、農民、教師、労働者、法律家、公務員など、ごく普通の人々であった。この殺戮を主導し、その後三十年にわたってインドネシア大統領の地位に君臨したのが、スカルノから権力を引き継いだスハルト（一九二一―二〇〇八。一九六八―九八年に大統領）である。容共的であったスカルノに対して、それまで敵視されてきた米国を中心とする西側陣営に帰属する方向へと大きく舵を切ったスハルトは、明確に反共の政策をとった。そして軍や警察、武装勢力を組織的に動員するため、人道主義や民主主義を柱とする「パンチャシラ」と呼ばれる建国五原則を骨格として、多額の援助を呼び込みながら経済開発を推し進めた。[*]

＊　ここで若きスハルトを訓練し、戦後インドネシアの国威発揚運動を方向づける上で大きな役割を果たしたのが戦前・戦中の日本であったことは思い出しておきたい（Jenkins 2021）。日本は、オランダをはじめとする植

写真6-3　「笑顔の将軍」スハルト

9・30事件に伴う暴力を激化させたのは、反共という名の「正義」であった。共産主義者の撲滅を正義とみなす思想は、結果としてインドネシアだけで百万人以上の死者を生み出した。スハルトの大虐殺を現地調査から丹念に解き明かしたインドネシア研究者の倉沢愛子は、殺戮が激化した原因を、フェイクニュース型の宣伝による恐怖心の植え付けと、諸外国による黙殺に見い出した（倉沢 二〇二〇、一一〇頁）。訂正される機会のないフェイクニュースは、「殺さなければ、殺されてしまう」という切迫した心理状態をつくり出したのである。

一方で、スカルノに備わっていたようなカリスマ性を欠いていたスハルトは、自身に忠実な側近で自分の周りを固め、多くを「語らない」スタイルで権力の頂点に上り詰めた（白石 一九九七、一七五頁）。日本からの援助を巧みに操りながら財界への影響力を強めたスハルトは、全盛期の一九八〇年代前半に「開発の父」と呼ばれてその地位を盤石なものにしたのである（Elson 2013: 236）。

スハルトの暴力の象徴的な現場の一つが、インドネシアのモルッカ諸島にあるブル島である。一九六九年から七六年の間に一万二千人以上の「政治犯」が、この孤島につくられた強制収容所へ移送された。彼ら／彼女らは、主に「共産主義者」のレッテルを貼られてジャワ島などから集められた芸術家や知識人であり、裁判を受ける権利も与えられずに過酷な強制労働に従事させられた。当局はこの人々を島に隔離することで、彼らの連帯と発言の機会を奪い取ったわけである。インドネシア語で「テファート（Tefaat：*Tempat Pemanfaatan*、労働再活用地）」と呼ばれたこの強制収容所は、設置後まもなくインレハブ（Inrehab：*Instalasi Rehabilitasi*、更生実施施設）と呼ばれるようになった（Setiawan 2020: 92）。この強制収容所は共産主義者を「再教育」するためのリハビリ施設として広く国内外へ報道された。その実態がようやく明らかになったのは、二〇〇八年のスハルトの死後、生存者らの手記が出版されてからのことだった。

スハルトはインドネシア共産党（ＰＫＩ）に対する弾圧を後に次のような言葉で正当化している。

> 私はＰＫＩを解体せねばならなかった。……スカルノ大統領と人々の間の意見の鋭い対立は度を増すばかりで、国家の最高指導部としての政府の権威を揺るがすものになった。一般的な治安を回復し、正義の感覚をまっとうし、人々の統一感を再興するにはＰＫＩの解体はどうしても必要だったのである。
>
> （Elson 2013: 303）

9・30事件に端を発するインドネシアの大虐殺の実態を、生々しく今に伝えたドキュメンタ

---

民地勢力に対する「傘」としてインドネシアを擁護する立場となり、インドネシアもまたそうした日本に頼る構造ができていた（Bourdreau 2004: 56）。

リー映画 *The Act of Killing*（二〇一二年）では、共産主義者の抹殺を堂々と語るかつての殺人者らの振る舞いが印象的である。問題は、その語りの舞台が一九六〇年代で終わらずに、二〇二〇年代の現在も巨大な民兵組織パンチャシラ青年団に引き継がれている実態であった。スハルトと米国が仕掛けた反共プロパガンダは、共産主義のあからさまな脅威がなくなった今も一部の人々の生活を脅かしているのである。

## 諸外国の関与――「語らない」という独裁支持

ここで、以上に見た独裁者たちと、彼らを支えた外国勢力との関係を整理しておこう。まずポル・ポトである。国際社会から隔絶したかに見えたポル・ポト政権は、実は一部の外国勢力と密接な依存関係をつくっていた。虐殺が行われる中、外国勢力との関係断絶を宣言したポル・ポトは各国の大使館を閉鎖し、国交を断絶しつつも、共産主義国家である中国とだけは関係を維持した。中国はポル・ポト政権を貿易、援助、インフラ整備を通じて密接に下支えし、内戦真っ只中の一九七六年までに一千トン相当以上の戦車や武器・弾薬をポル・ポトに援助した（Mertha 2014: 6）。全体主義体制にある国家への支援は、表向きには忌避すべきものとされたので、当時、この事実は諸外国にはほとんど知られていなかった。

ポル・ポト政権は、中国にとっては同じ共産主義の盟友であるだけでなく、敵対していたソ連とベトナムの敵であったという点でも重要なパートナーであった。他方で米国にとっても、カンボジアは敵対するベトナム共産主義およびその背後にいるソ連の勢力拡大阻止に役立つ緩衝帯と見なされた。米国は、クメール・ルージュの崩壊後にヘン・サムリン政権が成立させた「カンプチア人民共和国」をベトナムやソ連の傀儡《かいらい》政権と見なし、国連でカンボジアを代表する資格をクメール・ルージュに与えるよう要求した。* 米国にとって、クメール・ルージュは共産主義の防波堤としてなんとしても利用したい勢力だったのである。要するに、一九七七年に成立した米国のカーター政権は、一方で「人権外交」を高らかに掲げながら、他方では虐殺を黙認していたことになる。米国や中国にとっては、クメール・ルージュを黙認して、ベトナムやソ連というより大きな敵に対抗する方が得策だった。その陰で、ポル・ポトの標的になったカンボジア国内の数百万人に上る庶民に対する国際社会の支援は皆無に等しかった。

それでは、日本社会はポル・ポトにどう反応していたのか。一九七〇年代後半の日本国内では朝日新聞の記者らを中心に、虐殺の実態に関する断片的な報道がなされた（本多編 一九八〇）。国会でも一九七九年三月の参議院予算委員会で、野党から「政府はポル・ポト政権による大量虐殺の事態を知っていたか」という質問があり、これに対して園田直《すなお》外務大臣が「ポル・ポト政権

＊ この要求はスウェーデンを除く欧州の西側諸国の支持をうけ、一九七九年から九三年の間、クメール・ルージュがカンボジアを代表する唯一の正当な政権とみなされた。虐殺の実態に迫るカンボジア特別法廷が本格的に始まったのは、クメール・ルージュが崩壊してから実に七年後のことであった。

があまり評判がよくないことはよく承知している」との曖昧な答弁をしている。[*] 日本でも東西冷戦と外交的配慮の下で、虐殺の実態はうやむやにされた。三百万人ともいわれる人命を奪ったポル・ポトは、一九七九年の失脚後、米国などの支援を受けながらタイの国境に逃れ、七十三歳になる誕生月を目前にした一九九八年四月まで生き延びることになる。

フィリピンに対する外国の関与はどうであったか。マルコス政権を強力に下支えしたのは米国である。米国はマルコス政権末期の一九八五年に前年度の二倍の七千万ドルに上る軍事援助を行い、世界銀行や民間銀行を巻き込みながら総額二百六十億ドルという多額の借款を提供してマルコスを支えた（McCoy 2021: 65）。中央政府の許認可権を利用して権力を拡大しつつあったマルコスにとって、日本の賠償と経済協力は特に「使える」資源であった。小規模の贈与が大部分を占めていた他の援助供与国に比べて、日本は借款を基本とする大規模なインフラ投資を行っていた。しかも、民主主義や人権の理念を重視する米国などとは異なり、日本の要請主義の原則は援助の受け手に柔軟な交渉の余地を与えた。[**] 要請主義では、受け手である途上国側が自分たちに必要な機材や技術を選定して、援助として要請し、日本側がそれに応えて供与する仕組みになっているからである（第三章参照）。また債務履行のスケジュール交渉も含めて、なんらコンディショナリティ（援助条件）を課さないという日本方式は、マルコスが自らの裁量の幅を広げる上で有効に機能した（Rivera 2003: 525）。

外国による独裁政権の支援は、行為の機密性と政権の秘密主義から、その実態が外部に知られることが少ない。マルコスの腐敗について公に語られるようになったのは、アキノ政権に追われたマルコスがハワイへ逃亡するときに所持していた「マルコス文書」と呼ばれる関係者らの記録が米国当局に押収されてからのことである（津田・横山 一九九二）。

最後にインドネシアを見ておこう。9・30事件の過程で見逃せないのが、「民主的な」欧米の大国がその事態の激化に大きくかかわってきたという事実である。長く東南アジアにおける暴力の歴史に取り組んできたジェフリー・ロビンソンは、自身の研究を総括して「英国や米国といった大国は、この大虐殺の共犯者であったといってもよい」と述べている（Robinson 2021: 29）。共産主義への戦いという意味ではスハルトと同じ船に乗っていた西側諸国による情報操作が行われていたことはすでに明らかにされている（倉沢 二〇二〇、一一六頁）。西側諸国は大虐殺の情報を把握していたにもかかわらず、スウェーデンを除いてはインドネシア政府に抗議することもなく、暴力のエスカレートを黙認した。

近年公開された外交資料に基づく調査によると、米国はスハルトによるクーデターを支援して

---

＊ この点については北村寛人氏の卒業論文「政治的配慮に翻弄される虐殺の認知――カンボジアでの大量殺戮をめぐる日本政府の言説の変化」（法政大学国際文化学部、二〇一九年度）を参照。

＊＊ 特に「商品借款」は途上国の輸入に必要な外貨不足を補う目的で供与されるもので、特定のプロジェクトに付随しない点で、受け入れ側にとっては都合のよい枠組みであった。そのため商品借款は「腐敗政権の私腹を肥やす温床」と批判された（鷲見 一九八九、一九頁）。

写真6-4　日本のODAで建設されたインドネシアのコタパンジャンダム

いただけでなく、事前に殺害すべき「共産主義者」の名簿まで作ってスハルトによる政権交代を後押ししていた（ベヴィンス二〇二二、二二一頁）。そして、在インドネシアの米国大使館は、無実の人々が共産主義者と呼ばれて大量に殺害された事実を報道しないよう、メディア統制に協力したことも記録から明らかになっている（Bevins 2017）。

　その後のインドネシアにおける目覚ましい経済発展は、残忍な暴力に対する諸外国の目を瞑《つむ》らせることに貢献した。インドネシアにとって最大の援助供与国であった日本もその責任の一端を担っていた。国レベルの経済発展によって「市民的自由を奪われているとか、経済的に搾取されているとかいう住民の意識はとかく薄められてしまい、顕在化してこなかった」からである（倉沢二〇一一、二七五頁）。換言すれば、経済成長による不満の抑え込みが、スハルト長期政権を下支えしたということである。スハルト時代のインドネシアの開発支出（インフラ、農業、灌漑、地域開発など）における外国資本の比率は、高い時期で八割に上り、その多くが日本のODAによるものだった（Siripudin 1994）。もちろん、日本や米国は虐殺そのものを直接支持していたわけではない。しかし、虐殺を行う体制を支持することは、虐殺行為を支持することと同じであると受け取られても仕方がない。

民主的であるはずの国々が結果として独裁政権を下支えしてしまったのは、政権が真実を封じ込めていた一方で、真実をひた隠しにする巧みな話法が駆使されたからである。

## 二重話法と思考の削減

権力者の語りと実践の矛盾をその「言葉づかい」に注目して描き出したことで知られる小説がジョージ・オーウェルの『一九八四年』（一九四九年初版）である。作者のオーウェルはこの中で「二重思考《ダブル・シンク》」という概念を提示した。「二重思考」とは、「ふたつの相矛盾する信念を心に同時に抱き、その両方を受け入れる能力」を指す（オーウェル 二〇〇九、三二八頁）。要するに権力者の語りを正しいものとして受け入れ、それに合わない現実に出会ったときには、現実の方が間違っていると自らを納得させ、都合の悪い現実を「権力者の語り」に沿ってねじ曲げていく能力である。

言葉を発する側から見ると、この二重思考をさりげなく押し付ける遠回しな語りが「二重話法《ダブル・スピーク》」である。二重話法とは、コミュニケーションをとるふりをしながら実際には意思疎通になっていない言葉の使い方のことで、悪いことを良く見せ、醜いことを受け入れ可能に見せるような効果をもつ（Lutz 2016）。二重話法は責任逃れや責任転嫁を促し、その言葉が本来意味する内容から離れた効果を生み、その「離れ方」は常に権力の側に有利に傾く。

この話法の効果は何よりも聞き手の思考の幅を狭め、自ら考える力を奪うことである。独裁者が残虐な行為を働いたときに、「それ以外に方法はなかった」と語ることは、彼が採りえたそれ以外の選択肢の可能性を遮断するという意味で、まさに二重話法の例になる。* 侵略は「解放」、強制労働は「再教育／リハビリ」、消耗戦は「聖戦」「戦争を終わらせるための戦い」、逮捕や排斥は「保護」、虐殺は「浄化」などと呼ばれて正当化される。

これらは単なる言い換えではない。たとえば強制的に収容された人々の思想統制を「リハビリ」と呼ばせたスハルトは、収容された人々が元々もっていた考え方を「問題」、思想的な矯正を「解決策」と見なすことで、政治問題を技術的な問題にすり替えようとしたのである。こうした二重話法は、政府が行う強制措置の政治色を薄め、大衆の反発を招かないようにする巧妙な手段であった。

こうした二重話法の実例は枚挙に暇がない。** 先に取り上げたポル・ポトが一九七七年九月二十七日に党創立十七年記念集会の演説で次のように語ったのは象徴的である。

文化と教育においては、党の原則は、国を守り建設しつつ学習することである。理論の学習は、実践及び生産労働と結合されなければならない。われわれの学校は、主として協同組合と工場に設立されている。われわれの教育は民族と人民に奉仕する。他方、科学と文化を発展させるため努力が払われている。われわれが直面している第一の任務は文盲を撲滅することである。

（浦野編 二〇〇五、一一七七頁）

現実には、まさにこの演説が行われているとき、農村各地では数年の初等教育を除き正規の学校制度は廃止されていた。教師たちは教育を受けた「信頼できない人々」と見なされ、強制的に農業労働者にさせられるか、虐殺の対象になった（Silber 1986: 64）。ポル・ポトの弾圧からタイに逃れた避難民は、「眼鏡をかけているだけで殺される」と語り、殺害された教師の割合は全体の九割にも上ったという（Becker 1986: 176）。

二重話法は暴力の現場にも浸透していたようである。インドネシア大虐殺を独自に調査した倉沢は、現場における「虐殺者の語り」として、共産党員（ＰＫＩ）の殺害を実行していたロンディという人物の言葉を次のように記録している。

* 二重話法はアジアの独裁政権に特異なものではない。米国の言語学者／政治活動家のノーム・チョムスキーは、米国のメディアが時の権力と歩調を合わせて行ってきた言説操作の実例を数多く告発してきた（Herman and Chomsky 2002）。ちなみに全米英語教師協議会が毎年二重話法の名人に与えてきた「ダブル・スピーク賞」を、ドナルド・トランプは二回受賞している。

** ロシアのプーチン大統領は二〇二二年四月十二日のボストチヌイでの演説で「私たちは一方で人々を助け、救済していて、もう一方ではロシアの安全を確かなものにするための政策を実施しているに過ぎない。これより他に選択肢がなかったのは明らかであり、（ウクライナ侵攻の）選択は正しかった」と語っている。

……それまで静かだった（ＰＫＩの）囚人たちが、「私たちはどこへ運ばれるんですか？」って尋ねてきた。殺害なんてのは一気にやってしまわないと、心が乱れるものだ。俺たちだって人間だから、そんなふうに言葉を交わしたりすると心が乱れるんだよ。すごくいやな気持ちだったね。……殺すとき、「殺害（pembunuhan）」という言葉は使わないで、「身の安全を確保する（pengamanan）」と言ったんだ。逮捕して殺害することを意味するのに、こういう言葉を使ったのは、そのときがはじめてだね。

（倉沢 二〇二〇、一〇四―一〇五頁）

二重話法と二重思考が末端まで浸透しなければ、ここまで徹底した集団虐殺は起こらなかっただろう。二重話法は思考の幅を削るだけでなく、理想と現実の矛盾を受け入れさせる「寛容さ」を、人々に押し付ける効果も伴った。

全盛期のヒトラーやスターリンとは異なり、アジアの独裁者は必ずしも大衆から幅広い支持を集めていたわけではない。それでも、彼らは二重話法を巧みに操って「敵」を作り出すことで自らの立場を確かなものにしていったのである。その大本には、長く外国に支配された屈辱の記憶を背景に強いリーダーを渇望する民衆と、共産主義を殲滅《せんめつ》するために、あらゆるプロパガンダと開発援助を使って保守政権の側に依存する人々をつくり出そうとした米国の存在があった*（ベヴィンス 二〇二二）。

もっとも、ようやく口を開いた被害者らの証言が、直ちに歴史を塗り替えるわけではない。負の歴史を「なかったもの」として葬り去ろうとする政府と、その闇に光を当て始めた市民社会の新たな対峙《たいじ》、それによって生まれる新たな亀裂と暴力は、現在も東南アジア諸国で生じ続けている。二〇一七年に数十年にわたる大虐殺の実態が発覚したミャンマーのロヒンギャらは、二〇二三年の今も軍事政権の圧政の下に虐《しいた》げられている。インドネシアでは、スハルト死去後も歴史教科書は9・30事件を「PKI系将校によるクーデター未遂」として扱い、共産主義者への粛清や虐殺の事実には言及していない（じゃかるた新聞 二〇一三）。

本章で扱った独裁者らの個性にすべての悪事の責任を帰することはできない。彼らをよく知る人々の証言によると、彼らは周辺との関係づくりにも優れていて、決して理解不能な人格の持ち主というわけではなかったからだ。スハルトは多くを語らない「笑顔の将軍」（Roeder 1969）の愛称で知られ、ポル・ポトも彼を知る人は「やさしくて、親しみやすく」、「温かみのある魅力的な人物」という人物評を残している（Chandler 1992: 5, 112）。そう考えると、独裁権力は、一人ひとりの個性ではなく、彼らに絶対的な力を与えてしまった周囲の環境と、言葉を介してつくり出された人間同士の依存関係を温床にしていると考えざるをえない。

＊　個人主義と私的所有を骨格とした米国の自由主義経済は、集団と共有を基盤とする社会主義経済とは真っ向から対立する。米国の執拗なまでの反共運動の底流には、私的所有による富の蓄積に成功した保守派層の働きかけがあったことは十分に想像がつく。

## 言葉を受け取る力

社会を争いへと促す言葉の機能は特定の地域に限られるものではない。本章の最後に、日本に場面を移して、言葉を介した争いへの向き合い方を考えておこう。

ここで取り上げるのは、言論の締め付けがもっとも厳しかった時代を知る政治学者、丸山眞男（一九一四―一九九六）である。丸山の言論活動の中で特に注目したいのは、第二次世界大戦が終わってわずか七年後の一九五二年に、早くも「再軍備」の議論に熱を上げていた日本人に警鐘を鳴らす活動である。一九五〇年の朝鮮戦争勃発と、それがもたらした特需の高揚感、そして米国の安全保障認識の変化によって、日本では出来たばかりの日本国憲法第九条の理念に逆行するような動きが始まっていた*。

これに対して平和主義を掲げた丸山は、平和主義と非軍備が「現実的ではない」という批判や、再軍備の流れに乗るのは「現実だから仕方がない」という諦観《ていかん》に対して、「現実」という言葉の使われ方を三つの角度から問うた。三つとは、現実の所与性（現実は既成事実であるということ）、一次元性（本来多元的な現実を一次元的に見せること）、支配権力の選択する現実（民衆の現実では必ずしもないこと）、である（丸山 一九九五、一九四―一九八頁）。いずれの視角も東南アジアの権力者を読み解くときにも当てはまるものだが、ここで特に注目したいのが、丸山が問題にした「所与性」である。

現実を「所与」と考えれば、「現実は過去から引き継いだ仕方のない事実であり、それには屈伏する以外にない」というロジックに陥る。インドネシアで反共を掲げて殺人を繰り返した人は「やるしかない」という考えに支配されていたことを思い出そう。だが、この発想は「現実はつくられていく」という可能性を見えなくし、イマジネーションや行動を圧殺する論理にもなる。しかも、「所与」とされるものは、その時々の社会で影響力のある人々、特に政治家や政府関係者の考える「現実」に過ぎないことがある。丸山は、これを踏まえて次のように結論づける。

……私達にとって大事なことは、以前の争点を忘れたり捨て去ったりすることでなく、むしろそれを新らしい局面のなかで不断に具体化することでなければなりません。その基本的態度を誤ると、結局いつしか足をさらわれて気がついた時は自分の本来の立場からずっと離れた地点に立っているということになります。これこそ満州事変以後、何千人何万人の善意の知識人が結果において、ファシズムに一役買うようになった悲劇への途ではありませんか。

（丸山 一九九五、二〇二頁。強調は原文）

＊ 日本国憲法の第九条は、過去にいくたびも日本が踏み出しそうになった争いへの歩みを踏みとどまらせた一つの制度的工夫であった。とりわけ憲法の前文は、仮に多数決で戦争をしたい人が多かったとしても、戦争放棄を謳う憲法の改変を許さないという意味での「防御装置」になっていた（井上・樋口 一九九四：一八頁）。

「新らしい局面」とは、不確実性に満ちた「今」と「未来」を指しているのだろう。聞こえのよいスローガンに様々な利害が埋め込まれている現代、私たちは言葉を受け取る力を鍛えていかなくてはならない。丸山は不確実性の中で権力に絡めとられてしまう懸念を表明しているのである。

思想家の鶴見俊輔（一九二二―二〇一五）は、第二次大戦中に日本の権力者らが振りかざした「国体」「日本的」などの言葉づかいを「言葉のお守り的使用法」と呼んだ。それは、正統と認められている価値体系を象徴する言葉を用いることで大衆を惑わせ、自分の立場を守るために発せられる煽動的な言葉づかいのことであった。鶴見は言う。「言葉のお守り的用法のさかんな事と、大衆の言語解釈能力の低劣な事とは、不可分の関係に立つ」（鶴見 一九四六、一六頁）。

洋の東西を問わず、権力者は言葉を介して民衆の心を摑《つか》もうとする。しかし、その言葉を受け止めて、行動に移すのは一人ひとりの民衆である。独裁者が絶対的権力を握るようになったのは、言葉を弄《ろう》することで自分に依存せざるをえない仕組みづくりに成功したからであった。逆に言えば、そうした閉じた構造を解体し、依存関係を開いていくことが、権力を乱用する「怪物」を生み出さないための予防手段となる。独裁者の語りは、それを受け入れない異なる語りによってのみ、その正体を現し、修正や批判の対象になる。

忘却の危機にある歴史に目を向け、黙認されている事実を取り上げて議論することは決して心地よいことではない。しかし、依存に目を向けると、勇ましい言葉をまとった「自立」の物語からは見えてこない関係性が見えてくる。本章ではそうした関係性の維持装置の一つとして、言葉の働きに注目した。

次のⅢ部では、権力を極端に集中させない依存関係がもつ希望について考えていこう。それは、いつの時代にも現れる「それ以外に方法がなかった」という、もっともらしい語りを解体し、可能性の扉を開く見通しを与えてくれるだろう。

# Ⅲ部

# 依存の想像力

## ――頼れる「中間」を取り戻す

# 第七章

# 帰属意識——踏みとどまって発言する

人間は複数の根をもつことを欲する。自分が自然なかたちでかかわる複数の環境《ミリユー》を介して・道徳的、知的・霊的な生の全体性なるものをうけとりたいと欲するのである。

——シモーヌ・ヴェイユ『根をもつこと』

## 根をもつこと

このⅢ部では、Ⅰ部「発展の遠心力」とⅡ部「支配の求心力」を踏まえて、依存関係をどのように組み直せば「争わない社会」に近づいていけるのかを考える。その手始めとなる本章では、必要な争いを許容する条件について考えてみたい。歯止めの利かない争いが望ましくないのは明らかである。だが、労働組合が適正な賃金を求めて労使交渉に臨むように、あるいは犯罪の被害者が正義を求めて裁判に訴えるように、民主的な社会では法に基づいた「許容されるべき争い」というものがある。特に、社会が旧い伝統の殻を破って何らかの革新を遂げようとする過程で争いが生じることは避けられないし、避けるべきものでもない。どのような争いを許容するかは、どのような争いを許容しないか、という問いと表裏一体であり、争わない社会の輪郭を明確にするために考えておかねばならない。

現代の多くの民主国家で許容される争いの典型は、ストライキやデモといった非暴力的な訴えである。場面によっては、内部告発や訴訟などの形もあるだろう。争いの形態がどうであれ、現状維持の慣性に抗って「声を上げる」のは勇気がいるし、骨が折れる。特に、立場の弱い人にとって、あからさまに権力に対峙し、異議申し立てをするのは、ただでさえ不安定な自分の地位を脅かすことにもなりかねない。それでも人を発言へと駆り立てる力があるとすれば、それは単なる正義感や義憤だけでは説明できないだろう。そこには、時と場所によって変化する制度的な「所属」とは異なる、より主観的で自分の所属先との一体感を伴う「帰属意識」があるはずだ。

所属や帰属の問題がどれほど多くの争いを生んできたのかは、十七世紀末に思想家のパスカルが記した『パンセ』（一六七〇年刊）が今に伝えている。

「どうしてきみはぼくを殺すのか。」――「なぜって、きみは川の向こう側に住んでいるではないか。友よ、もしきみがこちら側に住んでいれば、ぼくは人殺しになり、きみをこんな風に殺すのは、不正になるだろう。だがきみは向こう側に住んでいる。だからぼくは勇者で、殺すのは正しい」

（パスカル 二〇一五、七四頁）

ここでパスカルが問題視したのは、所属の違いが争いの原因になるということだけではない。争いが「ぼく」や「きみ」といった直接の当事者を超えて、「正義」の判定をするその他大勢の聴衆の帰属意識に下支えされているということだった。ある共同体で対外的な争いの危機が切迫すると、その共同体内の帰属意識は「燃料」と化して、争いの火を燃え上がらせることになる。

この種の争いの燃料になりやすいのが、愛国教育などを通じた働きかけの対象になる「国家への帰属意識」である。国家や民族といった大きな帰属先は、生活の現場から想像するにはあまりにも距離があるため、メディアを介したプロパガンダの煽動を受けやすい*。国家の都合で国民の帰属意識を一つにまとめようとする強い働きかけは、往々にして自国中心主義や他者との争いの火種になる。

国家の関心と、個々の生活者の関心の広がりは必ずしも重ならない。国家が国民の意向を無視して自らの都合を押し付けてくるとき、個々人は、ただ争いに巻きこまれる無力な存在なのだろうか。どの国家や民族に生まれつくかは選ぶことができないとしても、より身近な集団を頼りにして国家が求める帰属意識に抵抗することはできるはずだ。そこで本章では、個々人が帰属先を選ぶことができるような身近な集団を例にしながら論を進めてみたい。

前章で見たように、国家が一部の自国民との争いに暴走してしまうときには、中央の司令塔は必ず各地域の中間的な集団を介してその意思を徹底しようとする。ここでの「身近な集団」とは、たとえば地域の寺や教会といった宗教組織や学校、企業集団や自治を目的にした各種のコミュニティなどである。

冒頭のエピグラフに掲げたヴェイユによる指摘のように、自分で選んだ依存先に根を張り、その場に帰属意識をもつことは人間に共通のニーズである。本章では、そのことを確認した上で、帰属意識を強くもつことが逆に争いのエスカレートを抑え、文化の多様性を守ることにもつながる可能性を展望する。内向きの役割ばかりに注目が集まる帰属意識には、依存関係を外に開いていく側面がある。それを可能にする条件とは何だろうか。

## 所属と帰属

社会学の専門家によれば「帰属意識」とは「自分以外の個人、あるいは集団のもっている価値基準、役割、役割期待を自分の意識や行動のなかに内在化させ、同化させる心理的過程」である（森岡・塩原・本間編 一九九三、一二五二頁）。ここで注目したいのは、帰属意識が成り立つ条件である。帰属意識は、諸個人と帰属先の集団との心のつながりがあって初めて成り立つ。つまり帰属

＊ この分野の古典的名著である『想像の共同体』で著者のアンダーソンは、「「国民」は〔イメージとして心の中に〕想像されたものである」と言った（アンダーソン 二〇〇七、二四頁）。一度も会ったことのない人との結びつきと共通の意識は、新聞などのメディアを通じて形成されるものであるが、それは顔と顔とを突き合わせて形成される伝統的な共同体の意識に比べて移ろいやすく、それゆえに部外者に操作されやすいものである。

意識とは、個々人の内面で完結するものではなく、すぐれて関係的な概念なのである。心のつながりを必要としない「所属」と、心のつながりが不可欠な「帰属」との違いはここにある。

たとえば、私はマンションを生活の拠点にしているが、マンションに「帰属している」という意識をもったことはない。同じマンションの隣人と「一緒に暮らしている」という意識が希薄だからであろう。私が、もし管理組合の理事長としてマンションを代表するような立場であれば、「集団」が意識されて何らかの帰属意識も生まれたかもしれない。このように、所属の実態と、それを意識することとは別ものである。帰属意識とは、きわめて主観的なものなのである。*

会社、学校、バイト先、サークル、SNSなど、一人の人物が複数の共同体に所属できるのが現代である。自分が生まれついた故郷でそのまま育つのが当たり前であった時代、形式的な所属と心理的な帰属はほとんど重なっていた。ところが、I部で見た「発展の遠心力」は、個人に自由と権利を付与することで所属の複数化を促し、その結果、社会は流動性を増していく。学校、職場、地域社会など、一人の人間がその長い人生の中で経験する所属先は次々と変わり、住む場所の選択はもちろん、それぞれの段階の選択肢（私立学校か公立学校か、会社員か公務員か）も複数化するというわけだ。帰属が、与えられるのではなく、本人が「選ぶ」というところに、現代の開かれた依存関係の特徴がある。

他方で、世界を見渡せば、民族問題や領土問題に象徴されるように、帰属意識のズレや変化が争いの原因になっていることも事実である。こうした争いは、所属と帰属の区別が重要であることを私たちに教えてくれる。というのも、強い帰属意識は敵対意識の温床になる一方で、争いの激化を未然に抑え込み、問題解決の原動力にもなるからだ。

ここで、帰属意識がよその集団との争いに発展してしまう以前に、それが自らの集団を守り、その構成員たちが共通して抱える課題を内々で解決する力になる場合を考えてみよう。自らの集団の構成員を守れない集団に、他の集団と争わないための配慮は期待できないからである。

人は、独力ではいかんともしがたい現実に直面したとき、同業組合であれ、地縁団体であれ、自分が選んだ（しばしば複数の）所属先に根を下ろし、その仲間たちを支えとしながら困難を打開しようとする。個々人が所属する集団を頼りにするというこのプロセスに、まずは争いを手なずけるヒントを探してみよう。

## 帰属（belonging）というニーズ

身分や階級が固定していた前近代から、社会が流動化する近代への移行の過程は、人を生ま

＊「帰属意識」と似た概念に「アイデンティティ」がある。ただし、両者の意味は同じではない。アイデンティティとは、個々人が外界とのかかわりに応じて自分とは何かを規定し、その個人に内部化された感覚である。これに対して、帰属意識は愛着とか忠誠といった感情を介した、集団との一体感を表す概念であるといってよい。帰属意識とは、その個人が属する集団の方に焦点を当てるものである。

れ育った共同体から解き放つ過程でもあった。それは自分の生まれた家族や村と運命を共にしていたかつての時代とは異なり、個人としての資格や技能を重視する時代である。この変化によって、人々は居住地にしても職場にしても、より条件のよい居場所に移動できる自由に大きな価値をおくようになった。読み書きそろばんの能力は、こうした移動を可能にする基礎として広く重視されてきたし、自動車や鉄道、航空機といった移動手段の発達は、人々の移動可能性を劇的に高めた。

この流れの延長線上で、現代では「発展」を、人が「できること／なれるもの」の増加、つまり個人の選択肢が増えることと捉える考え方が重視されるようになった（Sen 1999）。経済発展の便益は、少なくとも理念の上では、国家から人間に向かっていったのである。読み書きができる、健康的な生活を送るために必要な所得が得られるといった自由の拡大は、人の生活の質が向上しているか否かを判定する最も基本的な要件と見なされるようになった。

だが、「発展」の基準をめぐる議論で抜け落ちていたのは、自分が属する集団への愛着や帰属意識の価値である。それは個人として「できること／なれるもの」を実現させる集団としての条件であるといってよい。人は誰しも、生きるために何らかの集団に所属し、その集団を通じて自らの生活の質を改善しようとするが、その人が自分の属する集団に帰属意識を感じるとは限らない。所属を自由に変えられることが発展の要件の一つだとすれば、愛着をもてる帰属先を得られる社会であるかどうかも「発展」の基準になりうる。

帰属の「足場」は未来の選択肢にも影響する。足場がぐらついている中での「選択」はリスク回避を促し、「できること」に踏み出す勇気を削いでしまうからである。ここで「足場」の意味を考える材料になるのが、「欲求の五段階説」で知られる心理学者のアブラハム・マズロー（一九〇八―七〇）の議論である（Maslow 1970）。彼によると、人間には五段階の構造をもつ普遍的な欲求（ニーズ）があり、食事や睡眠といった生理的な欲求を基層に、安全と安定、所属と愛、自尊と承認、そして最後に自己実現へと欲求が高度化していくと考えた。

たとえば本章の言う「帰属意識」にかかわる部分は、マズローの階層では「所属と愛の欲求」に含まれる。彼のモデルによると、人は生理的欲求と安全への欲求とが満たされてから帰属意識を求めるようになる。だが、有事の際に危険を顧みずに祖国のために戦う志願兵が多く集まる場面を考えてみても、帰属の欲求が常に安全の欲求のあとにくるわけではない。この点について、マズローは帰属（belongingness）の特殊性をこう解説する。

> 帰属のニーズというのは、小説や自叙伝、詩や演劇ではありふれたテーマであるにもかかわらず、科学的な情報は非常に限られている。……分かっていることは、次のようなことが破壊的な効果をもつということだ。子供の頻繁な引っ越し、方向感覚の喪失、根をもたないことや根こぎ、人の出自や所属集団を剝奪すること……。
>
> （Maslow 1970: 43、引用者訳）

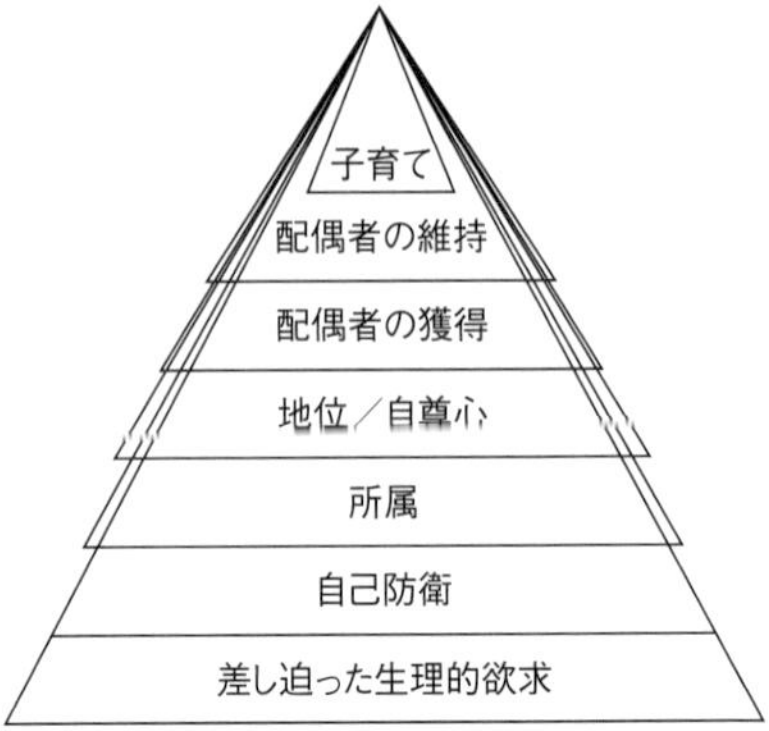

図7-1　ケンリックの欲求のピラミッド

もはや古典となったマズローの議論は、その後、各方面から批判を浴びて改善されている。その代表的なものが、心理学者であるダグラス・ケンリック（一九四八―　）によるものである。彼は、「所属（affiliation）と帰属（belongingness）の欲求」を三層目の欲求として明確に位置づけつつ、自尊心や自己防衛といったニーズがそれぞれ重なりあいながら、互いを必要とする構造を定式化してマズローを批判した（Kenrick et al. 2010、図7－1）。

ケンリックによるマズロー・モデルの改良のポイントは、進化論的な視点を取り入れることであった。個々の欲求を別個に考えるのではなく、それぞれの欲求が互いに密接に連関しながら、種の保存に必要な順に階層化されていると論じたのである。たとえば、集団への所属からはじき出された人は「自己防衛への欲求」が脅かされる。そこで人は集団の一員になることで資源や知識、子育ての負担を分かち合おうとする（Kenrick et al. 2010: 8）。つまり、ケンリックは個々のニーズの充足が本人の満足とは別に進化論的に優位に働くかどうかで欲求の階層が決まるという考え方を導入し、人の行動は、子孫を残せる可能性が高い方を選ぶよう動機づけられていると論じたのである。

ここで押さえておきたいのは、所属・帰属が人間にとって心理学者も認める普遍的な欲求であること、そして、それが自尊心など、より上位のニーズを満たす上での前提になっているということである。集団への帰属意識は、このように争わない社会の基盤的な要素になっている。

## 日本的依存関係――「甘えの構造」

所属・帰属の仕方が文化に応じて変わることは、誰でも想像できるだろう。帰属意識とは、自分の属する集団との心のつながりであり、単なる「メンバーシップ」ではないことはすでに指摘した。心のつながりである以上、つながり方は、文化によって多様化する。

文化的側面への配慮は、争いの根本原因を理解するときに極めて重要である。日本の場合を考えてみよう。諸外国に比べて人種的にも文化的にも多様性に乏しいと見なされがちな日本社会は、まさにケンリックの言う「ニーズが依存しあう」社会であった。日本は東洋的な価値観や文化を維持しながら、急激な欧米化の中で自らのアイデンティティを模索してきた。

明治時代に欧米式の制度や風習に大きく切り替えた日本では、漢字の撤廃や、アルファベットへの置き換えを提唱する知識人が現れるなど、国語改造論が真剣に議論された。その反動として、日本の伝統的な精神や国土・風景などの故郷に対するノスタルジアを喚起する議論も活発化した。日本の明治期は、文化の基層を含めて国のあり方を大きく揺さぶられた時代であった。*

たとえば日本には、個と集団の微妙な関係を表す「甘え」という考え方がある（土居 一九七一）。「甘え」とは、人間関係において相手の好意を求める心理を指し、「相手との分離を拒否し依存する欲求や行動」を意味する（宮島編 二〇〇三、五頁）。

では、「甘え」は争いとどのように関係しているのだろうか。「甘え」はそれを受け入れる側から見れば、「依存を許す」ことで、対立の表面化を避けて相手の感情を抑え込む役割を果たす。もちろん、そこには一定の節度がなくてはならず、節度を超えた甘えは非難やつまはじきの対象になって、争いを生み出す要素にもなる。つまり、甘えに相当する行動をうまく取り込めている社会では、争いがエスカレートしにくいという仮説が成り立つ。

「甘え」の概念から独自の日本論を展開した土居健郎《たけお》（一九二〇―二〇〇九）は「義理も人情も甘えに深く根ざしている」とした上で、「人情は依存性を歓迎し、義理は人々を依存的な関係に縛る」と喝破した（土居 一九七一、三一頁）。土居によれば、日本では遠慮が働く「外」と、遠慮がいらない「内」とがある。「甘え」は内と外を分ける境界線の曖昧さを捉えた概念というわけだ。

会社や学校には、それぞれよそ者には分からない、内なるしきたりや文化がある。会社には社風があり、学校には校風がある。それぞれの所属先は、恒例のイベントや制服などを通じて組織文化を再生産しながら、構成員の帰属意識を高めようとする。このように、帰属意識はそれぞれの文化的個性に包まれている。しかも、その時々に人が帰属意識をもつ集団は移り変わる。

第二章では人間が互いの力を求める理由を「仕事」の観点から論じた。ここで見る文化や感情は、自分の属する集団との心のつながりを基礎づける要素であり、この点に関して土居は、「甘えは他を必要とすることであり、個人をして集団に依存させることはあっても、集団から真の意味で独立させることはあり得ない」(土居 一九七一、九五頁)と分析している。もともと個人の自由を強調する欧米では、社会の基盤はあくまで自立した個であり、集団を個の集まりと見なす傾向が強い。集団と個人の境目は比較的明確であるために、欧米では日本語の「甘え」に相当する語彙《ごい》が発達しなかったというのが土居の見立てだ。

「甘え」は、無礼を許す領域を確保して争いを吸収する文化的な工夫と見ることもできる。戦後日本の各地の農村を歩いた宮本常一《つねいち》(一九〇七―八一)は、同じ人間がずっと顔を合わせている伝統的な集落においては、日常生活がいたって単調で、のびのびとした人間性が押しつぶされる傾向があることを指摘し、「無礼講」の習慣がその解決策になっているとした(宮本 一九八四、四〇頁)。祭りや招宴の場が「人々の集まりによって人間のエネルギーを爆発させる」機会になっているという分析である。こうした「爆発」の機会が、日本各地の農村社会で、そこかしこに用

＊ 夏目漱石は一九一一年に和歌山で行った講演「現代日本の開化」で、日本の開化がいかに見よう見まねで欧米に追随した上滑りなものであったのかを指摘しつつ、その現状を嘆いた。漱石は、日本の開化が欧米に引きずられる形で外発的に生じていることの不安を吐露しているが、その考え方そのものが「根をもつこと」への欲求の裏返しであるとも考えられる。

意されていたのは、閉じた依存関係の息苦しさに対処し、争いの激化を抑制するための何らかの仕掛けが必要だったからであろう。このように「甘え」を通じたエネルギーの放出は無用な争いを予防する一つの文化的工夫であると考えてよいし、実は甘えの存在そのものも帰属意識の存在を前提にしていることが分かる。*

個と集団の関係に見られる「甘え」は、一見すると自分の所属にあぐらをかいて、そこから節度を超えたレベルのものを引き出そうとする迷惑な行為である。だが、場面に応じた甘えの許容は、ストレスの分散と帰属意識の醸成に役立つ。たとえば近年増加する孤独死の問題は、個人が家族や地域の共同体に頼れなくなっているという意味で日本人が「甘え」に対して不寛容になってきていることの表れではないだろうか。甘えは、個人と集団の境界線が重なる部分で働く。それは、閉じた依存関係が日常であったかつての日本社会で、争いを防ぐための「あそび」の空間であったのだ。

## 「不満」を改善につなげる回路——ハーシュマンの分析

では、依存先を選べるような「開かれた依存関係」が普遍化した場合、争いにつながる人間のストレスはどのように発散できるのか。このストレスを社会改善へと転換させるメカニズムを考えたのが、経済学者アルバート・ハーシュマン（一九一五—二〇一二）である。ここで経済学者であるハーシュマンを持ち出すのは、帰属意識の問題が文化の領域にとどまらないことを示すためである。忘れがちな点であるが、人が環境の変化を求める動機となるのは現状に対する不満である。不満は、他の選択肢を探る大きな理由になる。ハーシュマンは、この不満の表現方法を単に個人の問題としてではなく、社会全体に役立たせる政治経済的なメカニズムとして捉え直した。

人は、自分が置かれた環境への不満にどう反応し、処理しようとするのか。ハーシュマンは、不満の表現が、衰退しつつある組織を回復させる力になる過程を市場経済の働きの一部として分析し、後に広く引用される「離脱（Exit）」と「発言（Voice）」を軸とした「不満への反応」をモデル化した（Hirschman 1970）。

市場経済における不満の中心は、市場に出回る商品やサービスに対するものである。たとえば消費者がある商品に不満を抱いた場合、不満はその商品を買わない「離脱」という行為によって表現される。これに対して「発言」とは「お客様の声」などを通じて商品をつくる企業に直接、不満を伝えることである。あるいは従業員が会社組織に不満を抱いた場合は、退職が「離脱」にあたり、組織の中に留まって告発・提言をすることが「発言」にあたる。

＊「甘え」は、とかく否定的に捉えられがちで、場合によっては封建制度の遺制などと揶揄されることが多い。これに対して、長く日本を観察してきた社会学者のロナルド・ドーアは、「甘え」に基づいて生まれる村民同士の「持ちつ持たれつ」や「思いやり」の実践を日本文化の積極的な側面として評価している（ドーア 二〇一四、八〇頁）。

いったん「発言」の経路が確保されれば、不満の鬱積と争いの激化が抑止され、発言者を抱える組織は次なる選択肢の材料が得られる。それだけではない。「発言」は問題点を認識させるシグナルとなって、組織のあり方、生産のあり方、商品の品質などの具体的な改善の契機にもなり、その便益は発言者の属する集団を超えて広く社会の役に立つ。たとえ争いに転じる可能性があっても「発言」を促す社会の方が、発言を忌避して「離脱」を促す社会よりも、個々の依存関係が濃密になるという点で便益が大きいのである。

ここで、同じ「不満のシグナル」として発露する「離脱」と「発言」は、それぞれの機能が全く異なる点に注意が必要である。商品の不買の場合、生産者は消費者が何に不満を感じたのかが具体的に分からない。対して「発言」には、不満の内容や改善のための提案が含まれる。日常生活においてもそうである。たとえば夫婦喧嘩は愉快なものではないが、喧嘩を通じて行われる情報の交換は、より大きな犠牲を伴う離婚という「離脱」を未然に防ぐという意味でも重要である。すなわち「発言」の方が、クレームする側もされる側も状況改善のためのヒントが得られるという意味では有用なシグナルなのである。このような「発言」が促される前提には、帰属先への愛着と開かれた依存関係がある。それがなければ、人は発言を無視されたり、もみ消されたりすることを危惧して、わざわざ行動に出ようしなくなるはずだからである。

同じ不満の表し方でも「発言」の方が離脱よりも広い有用性をもつ理由をもう少し具体的に考えてみよう。たとえば日本では、新卒社員の入社三年以内の離職率が二〇一〇年以降ほぼ毎年三割に達しているという（井上二〇二二）。若者が職場を去る理由は様々であろう。もともと長く勤めるつもりがない人も一定数いるだろうが、職場に何らかの不満があるから辞めるという人が多いに違いない。不満をもっている若者は本来、組織を改善する活力の源泉でありうるのに、その人々が「発言」をせず「離脱」してしまえば、彼らのもっていた改善のためのアイディアは生かされないままとなってしまう。

自分の所属先から離脱するのではなく、そこに踏みとどまって個人の利害を超えた組織全体の改善のための意見を申し述べたり、ストライキなどの抗議運動に参加したりするというのは、ある意味で、その人の帰属意識の強さの裏返しである。それらの行動は、「（自分の帰属する）組織を良くしよう」という連帯感に裏付けられていることが多い。このような連帯感は、会社などのフォーマルな集団を基盤にする場合もあれば、クラブのようなインフォーマルな集団を基盤にしている場合もある。

問題は「離脱」と「発言」が互いにどう関係するかである。たとえば、発言する意欲や能力をもった人だからこそ、組織に嫌気がさして「離脱」してしまう可能性が高い。そうなってしまうと、その組織での「発言」する人はさらに減少し、改革の力も減じてしまうことが考えられる。

ところで、このように「発言」と「離脱」の関係に注目が集まってきた中で見過ごされたのが、この二つの選択に影響を与える「忠誠（loyalty）」という、ハーシュマンが注目したもう一つの概念であった。ハーシュマンは「忠誠」を「離脱を踏みとどまらせ、発言を促す」要素として取り上げている（Hirschman 1970: 78）。「発言」は明らかに発言者に負担のかかる厄介な道であるにもかかわらず、あえてその道を選ばせる要素がハーシュマンの言う忠誠である。この「忠誠」は本書の言う帰属意識に近い概念であるが、残念なことにハーシュマンはここでの「忠誠」を「離脱」か「発言」かの選択に影響を与える従属的な変数としてしか扱っていない。

そこで本章では、ハーシュマンが市場経済の分析に限定して用いていた「忠誠」を、より広く「帰属意識」と読み替えて争いとの関係で展開してみたい。帰属意識は争いの原因になることもあれば、個人を争いから守る砦になるという二面性をもつ。まずは、帰属意識を力ずくで操作する試みが争いの原因になった事例を見てみよう。

## 帰属意識の剝奪と強制——日本の場合

第二次世界大戦中の日本では、「大和魂《やまとだましい》」や「神の国」といった言葉が独り歩きした。「日本の伝統」と見なされる芸術や文化は、古くは中国や朝鮮、近代以降は欧米の思想が入り込んでいるという点で、本来「雑種」的な性格をもつ。だが、戦時期のように対外関係が緊張すると、国の中の多様性を押し殺して、文化を国益に合わせて純化しようとする力が働く（加藤 一九七四）。

日本に限らず、国民を無理やり「一つの共同体」として想像させようとした結果、悲劇的な争いが生じてしまった事例を私たちは多く知っている。帰属意識が生み出す「同胞愛の故に、過去二世紀にわたり、数千、数百万の人々が、かくも限られた想像力の産物のために、殺し合い、あるいはむしろみずからすすんで死んでいった」(アンダーソン 二〇〇七、二六頁)。ロシアとウクライナの間の紛争で見たように、戦争や弾圧といった暴力の本質の一つは、力を背景にして特定の人々の帰属意識を否定し、自らの帰属意識を押し付けるところにある。

外部からの帰属意識の強制は何を引き起こすのか。それが明確に記録され、また記憶されているのは、植民地においてである。植民地となった国々では、宗主国への帰属意識を抱かせるための政策が広く実行された。日本が統治した国々も例外ではない。戦前の日本が各植民地で実施した同化政策は、日本に対する帰属意識を植え付けようとする努力の典型である。日本は、台湾や朝鮮などの直接的な植民地はもちろん、南洋諸島の保護領においても日本語教育を導入し、現地住民への日本的な価値観の浸透を図った。

日本が行った同化政策については、すでに膨大な研究が存在する(小熊 一九九八)。日本はまず国内におけるアイヌ民族、琉球民族などを同化政策の対象として徐々に支配し、後に台湾、朝鮮へと政策対象を広げていった。台湾の例を考えてみよう。日本は台湾を統治する際、土地を「文明人」の居住区画と「蕃人《ばんじん》(=野蛮人)」の居住区画とに分けた。こうして境界線を厳格にした上で、「文明化」したと見なされる人々だけを同化政策の対象にし、彼らを日本人に近づける扱いをしつつも、対等な競争相手にならないよう教育水準を低く抑えるという措置をとった(カプリオ 二〇一九、一四八頁)。特に重視されたのは日本語教育であった。一九二一年まで台湾人の一年生児童に対しては毎週十二時間の日本語授業のほか、「国民の義務」「わが祖国」「靖国神社」「明治天皇」といった題目で道徳教育が行われた（カプリオ 二〇一九、一四七頁）。

統治対象の人々に対する差別意識は、植民地統治を担ったエリートたちだけでなく、ごく普通の日本人の中にもあったようだ。一九三三（昭和八）年から三九年にかけて雑誌『少年倶楽部《くらぶ》』に連載された漫画『冒険ダン吉』は、戦前における帰属意識の操作が、どのように行われていたのかを示唆する。

この物語は日本人の少年ダン吉が「土人」の暮らす島に流れ着き、知恵と工夫で島を「開いていく」という話である。ダン吉が島で行う開発活動の中でも目につくのが、小学校をつくって日本語を教える場面である（図7−2の右）。そこでは、ダン吉が「蛮公」と呼ぶ原住民らが、もともとどのような言葉を話していたのかという情報は一切出ない。ダン吉は、日本語教育を通じて原住民に日本への帰属意識を植え付けようとする。

図7–2　（左）識別番号をふるダン吉　（右）「ダン吉小学校」に通う原住民

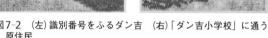

実際には、個人に内面化された帰属意識は外部から思い通りに操作できるものではないが、朝鮮や台湾が「日本の一部」に含められたように、所属そのものは操作の対象になり、差別や暴力の引き金にもなる。当然のことながら、外部の人間によって恣意《しい》的に決められた所属が、ただちにその構成員の帰属意識を育むとは限らない。

このように考えると、争いを招くのは、右にみた一方的な帰属意識の植え付けだけではないことが分かる。本人の意識などおかまいなしに付けられてしまう「外国人」「イスラム教徒」「ニート」といったラベルは、本人の帰属意識を伴わない所属の再定義になり、それ自体が暴力の一つになりうるのである。ラベル付けによって多様な人々を一つの属性に押し込める単純化は、便利で必要な場合もあるが、かつて「文明の衝突」の象徴とされた「イスラム対欧米」のように争いを煽る要素にもなる（セン二〇一七）。

第三章で取り上げたインドネシアのスカルノが嫌ったのも、先進工業国が途上国に対して用いる「低開発」というラベルであった。このように本来複層的であるはずの所属が国家の都合によって操作されることで、争いの種がまかれてしまう。

では、その「発芽」を防止し、争いを小さく収めていくような帰属意識はどのように育むことができるのだろうか。その手がかりを、戦後日本の教育実践に求めてみたい。

## 根を育む試み——生活綴方

敗戦によって、個々人の良き生への足場を揺るがされた戦後の日本は、「民主的な日本」に生まれ変わるために新たな帰属意識をもった国民を必要とした。そのための試みの一つが、学校の教育現場で実践された「生活綴方《つづりかた》」という教育手法である。身の回りの生活課題を具体的な観察に基づいて作文させるというこの方法は、戦前にも試みられた教育実践であったが、戦時中は下火になっていた。それが戦後の民主化の追い風を受けて息を吹き返したのである。

中国であれ、欧米であれ、思想や技術の多くを外国から輸入してきた日本では、まず知識人層がそれを受け入れ、それをあまねく大衆に「啓蒙する」という流れが確立されていた。そのために、「啓蒙されるべき人間と見なされる庶民階級は、それらを、生活や周囲の事物とむすびつけて理解することが少なく、上からの丸暗記的おしつけ、形のみの概念として受け取ることが多かった」(国分一九五五、一一頁)。こうした反省を土台に実践されたのが、「概念くだき」を基本とした作文教育、すなわち生活綴方である。

「概念くだき」とは、「悪しき概念をくだく」という意味である。ここで「悪しき概念」というのは、封建的な意識に裏付けられ、権力者の思想を庶民に注入するために発明された諸概念を指す。* 生活綴方運動の中心的な推進者であった国語学者の国分一太郎《こくぶんいちたろう》によれば、「概念くだき」とは次のようなものである。

わたくしたちは、人びとの物の見方や考え方や感じ方を、前進するものとしてやしなう場合にも、人々のいのち、人々の感覚、人々の生活の実践が、自然や社会とぶつかりあう場面こそ、こまかく注意して、それをありのままにとらえ、それぞれの物の見方や考え方を大事にし、そのなかで、このましい見方や考え方や感じかたは、これをこのましいものとしてとりあげ、じぶんをふくめてみなともどもに大切にしようと、謙虚なよびかけをしていかなければならないのではないか。

（国分 一九五五、一五頁）

生活綴方で強調されたのは、「抽象的なことばや通念を、そのことばまたは通念が出てきた日常生活または歴史的体験の場にもどして、具体的に考え直す」ことであった（鶴見 一九九五、三六四頁）。これは、生活の中の様々な出来事が、自分の力の及ばない無関係なものではなく、自分もまたそうした出来事の一部となり、それを支えたり、つくり出したりする主体なのだという自覚を促す教育と言い換えてもよい。

一九五〇年代に出版された『山びこ学校』は、生活綴方の具体的成果の一つである。この本は山形県山元村の中学教師である無着成恭《むちゃくせいきょう》の手に成った教え子たちの学級文集であり、彼らの生活記録でもある。『山びこ学校』は、身の回りの経験の意識化を通じた民主主義教育の模範として

＊「悪い」のは概念そのものではなく、概念が適用される現実とのギャップである。その意味で、綴方が概念そのものよりも、言葉の意味と現実のギャップに子供の目を向けさせようとした点は全く正しかった。

多くの人々の注目を浴び、のちに映画化されるなど当時の一大ブームとなった。

この本が現在も読まれ続けているのは、そこに時代を超えた普遍的なテーマが宿っているからであろう。生活綴方という手法は、貧乏や格差といった身近な問題を通じて、学校での教育と生活世界の現実との接点を自分なりに考えるよう促した点に大きな意義があった。

作文を読んで印象的なのは、子供たちが徐々に身の回りにある「理想と現実のギャップ」（たとえば、なぜ土地を多くもつ人ともたない人とがいるのか）に気づいていく過程である。そして読者の心を揺さぶるのは、教室の仲間たちが自分と同じような悩みや問題を抱えていることを知り、共感が育まれる過程が生き生きと描かれている点である。

「僕の家は貧乏で、山元村の中でもいちばんぐらい貧乏です」との書き出しから始まる江口江一君の作文「母の死とその後」は、格好の例である。早くに父を失った彼の生活の苦しさをみずみずしい感性で描いた彼は、最後に、同じ学級のみなが力を合わせれば「僕よりもっと不幸な敏雄君」を「もっとしあわせにすることができる」と前向きな希望で締めくくる（無着一九九五、三七頁）。貧乏の分析とそこから抜け出す方策、そして、最後には共感と希望に向かう江口君の思考は、まさしく仲間との依存関係が生み出した想像力の賜物といってよい。

こうした作文教育による「概念くだき」の本質を、社会学者の鶴見和子（一九一八―二〇〇六）は「ことばを日常生活にもどして具体的に考え直す」点に見い出したのだった。彼女は「具体化」のポイントを、自己と自己の属する集団の関係に定める。鶴見はいう。

わたしが、『山びこ学校』を読んで、一番強く印象づけられたのは、つぎのようなことである。それは、生徒も先生もひとりひとりの生徒が持ち出してくる具体的な暮らしの問題を、「自己をふくむ集団」の問題として、一緒に考え、解決しようと努力していることである。
（鶴見 一九九五、三五八頁）

写真7-1　山びこ学校の授業風景、1951年

鶴見の言う「自己をふくむ集団」は、帰属意識の定義に一致する。概念くだきとは、健全な帰属意識を育む実践であった。鶴見のこの指摘は山びこ学校を超える射程をもつ。世界の問題を他人事として考えるのと、自分をその一部として考えるのでは雲泥の差があるからだ。

生活綴方は、一人ひとりの人間が、個としての自分と、自分が帰属する集団との関係の中で、自分をより良い方向へと変えていく方法であった。これはハーシュマンが注目しなかった、状況改善のための「第三の道」であるといってもよい。すなわち「離脱」や「発言」の先にある、「自らが変わる」という選択肢である。

『山びこ学校』の子供たちの作文から感じられるのは、子供たちが社会の変革における自分の役割を自覚していったということである。農村の貧しさという問題に直面していた子供たちは、そうした困難を、外から与えられた変えることのできない構造などではなく、自分の行動で乗り越えていける課題として再定義していく。こうした内側からの時間をかけた認識転換は、作文という「発言」行為を通じて、子供たちが自分自身を変えていく原動力になっているのである。

## 自分の居場所から発言する

「自分を変える」という第三の道は、発言の機会がなければ制約されてしまう。「発言」がもつ力は、発言そのものの質だけでなく、「離脱」（＝他の依存先への移動）の可能性にも左右される。よって、発言が効果をもつためには、依存関係が複数に開かれていることが望ましい。本章では、そうした開かれた環境の中で、自分の帰属先に踏みとどまることの価値を検討した。

経済と文化のグローバル化が進んだ現在、帰属意識の源は一つとは限らない。企業の社員でありながら、地域社会のメンバーであり、かつグローバルな団体での活動家である人は、どの活動にも帰属意識をもって取り組むことができる。しかし、自国第一主義に代表される内向きの風潮は、外に開く力よりも内に閉じる力を強くする。そして、その力は特定の集団に根を張る本人ではなく、メディアを経由して特定の国家、特定の民族への帰属を求めてくる「外部」に由来することが多い。

世界の先行きが見通しづらい現代、その中を生きる個々人は様々な集団に所属したり離脱したりといった動きを繰り返しながら、争いの波にのまれたり、逆にその波をせき止めたりしている。複数の共同体に同時に所属し、それぞれの土壌に根を張って生きることができる社会は、極端な自国中心主義やステレオタイプに抵抗する基盤になる。個と集団をつなぐ複数の帰属意識を縦横に結びつける方法が「争わない社会」への鍵になる。

帰属意識は突然に生まれるものではなく、他の組織や文化との接触によって育つものである。そして、より重要なことは、文化は常に他の文化との融合や摩擦を繰り返してきたし、これからもそうであろうという点だ。歴史的に見ると、異文化との交流は貿易や移民、宗教の伝播やスポーツ交流などを通じて世界各地で生じてきたし、近年では観光も重要な文化接触の機会になっている。文化人類学者レヴィ＝ストロースは、遠い文化に置かれた者同士の接触が生み出す可能性は、一見、互いの共通点が見当たらないような相手であるほど大きく花開くと言った（レヴィ＝ストロース二〇一九、九二頁）。

異文化との出会いと交流は、近年あちこちで耳にするようになった「多様性」の考え方とも密接に関係する。ハーシュマンが「忠誠」と呼んだ組織への愛着は、一歩間違えると自分以外の多様な人間集団を一括りにする差別心を生み、内向きの思考を醸成することもある。第六章で見たように、国家による暴力は多くの場合、こうしたラベル付けの巧みな操作によってエスカレートし、特権的な集団に属する人々は、ラベル付けを利用して差別の深刻化を促す。帰属意識と偏狭なナショナリズムは表裏一体であり、条件によっては敵対にも融和にも傾くのである。*

一つの依存関係から別の依存関係へと逃げたり、それぞれの依存を状況に応じて軽くしたりすることは、身の回りの争いと暴力から脱する有力な手段である。だが、それが成り立つためには「別の依存先」がなくてはならない。しかも、逃げることは支配―従属という根本問題の解決にはならない。誰か次にその構造へ入り込んでしまった人が被害者となりかねないからである。

そこで本章が注目したのは、帰属意識を支えにして、その場に踏みとどまって発言するという解決の道であった。それは発言を介して自分を変えるという「第三の道」にもつながっている。ただし「発言」は、「閉じた依存関係」の中に押し込められた人々にとっては険しい道である。それでも問題を先送りせず、「必要な争い」に踏み出す「発言」の選択肢は、今ある依存関係を良質なものに維持する上で欠かせない。本章の主張は、その必要性が当事者に認識され、行動に変換される上では、人をある集団に踏みとどまらせる帰属意識の力が大きな役割を果たすという点であった。

生活の拠点を移動しながら暮らす人であっても、生業の根をもって足場を固めることで、人間らしい暮らしを脅かすような外部の力に抵抗することができる。つまり、根をもつことは、それ自体として安心の源泉になるだけではなく、外部のより大きな力から身を守るという意味で、社会的な流動性の高い現代を生きる確かな拠り所になる。帰属意識を大切にして、それぞれの持ち場に踏みとどまることは地味な行為である。しかし、それは必要な発言を促し、「根をもつ」という人間の本質的なニーズを満たすという意味で大きな可能性を秘めている。

地中深くに根を張って互いに絡まり合っている複合的な帰属意識は、地表の姿を見るだけでは分からない。見えているものが全体の一部に過ぎないと知ることが、争わない社会を育む土壌になる。本書がこだわってきた「依存関係」とは、まさに地中で私たちの生活を支えている根の別名であった。

次章では、こうした「根」の自覚をもった人々の依存先となり、同時に、争いの激化を防ぐための「発言」を仲介する集団の要件を考えてみる。帰属意識に立脚した発言は、集団を介してこそ迫りくる争いをせき止める効果をもつ。それはどのような集団であろうか。

＊　レヴィ＝ストロースは「未開」と呼ばれる集団のかなりの部分が自らを「人間」と呼びながら、他の部族や集団を「悪人」、「邪悪な人」、「地上の猿」、場合によっては「妖怪」や「幽霊」の類に貶めている実態を見て、「野蛮人とは野蛮が存在すると信じている人のことなのだ」（レヴィ＝ストロース 二〇一九、三七頁）と指摘し、人が否定しようとしている対象と同一化してしまう傾向を看破した。

# 第八章

# 中間集団——身近な依存先を開く

二次的集団（＝中間集団）は、それが包み込んでいる、その存在理由でもある個人の家族や職業の利害をとりあつかうのに必要であるばかりか、より上位の組織にとってもつねにその基本的な存在条件をなしている。……国家は、二次的諸集団が存在するところにはじめて存在しうる。二次的集団がなければ、政治的権威も存在せず、少なくとも、この名でよばれるにふさわしい権威は存在しない。——デュルケム『社会学講義』

## 争いを媒介する集団

前の章では「必要な争い」を考えてみることで、争わない社会の輪郭を明確にしようとした。そして、その際に帰属意識が自らの集団を守る上で重要な役割を果たすことを指摘した。ここで問題になるのが「集団」の性質をどう考えるかである。

ドイツの著名な社会学者であるフェルディナント・テンニース（一八五五―一九三六）は、集団を組織の構成員のためにある共同体（ゲマインシャフト）と、組織自体のためにある機能体（ゲゼルシャフト）とに区別した（テンニエス 一九五七）。彼は、前者が構成員の犠牲を強いることが少ないのに比べ、後者は組織のために構成員の犠牲を強いることがあるという違いに注目し、帰属意識は共同体では生じやすいが、機能体では生じにくいとした。それゆえに国家のような機能体で帰属意識を醸成しようとすると、どうしても社会のどこかに犠牲が生じるのである。

この「犠牲」が、本書でいう「争い」と密接に関係する。国家が強いる犠牲には、耐える以外に選択肢がない場合がほとんどである。国家が地域集団と一体化して行使する暴力は、人々に逃げ場を与えないという点で特に徹底的である。「争わない社会」を成り立たせるためには、どうにかしてこの状態を避けなくてはならない。

例を一つ出そう。第二次世界大戦のときに日本の青年を徴集して戦地へ送り込んだ悪名高い「赤紙」（召集令状）である。全国津々浦々に赤紙を届けたのは兵役事務を担った村役場であったが、このシステムに実効性をもたせたのは「隣保《りんぽ》組織」と呼ばれる各地の地縁集団であった。江戸時代の五人組に起源をもつこの組織は、各町内会に所属する住民に連帯責任を負わせるもので、戦争に際しては供出や動員、配給などの活動を強力に担った。軍は兵役逃れを取り締まり、戦争協力を徹底するために地域の人々の「目」を利用したのである。* 兵力の確保という側面から国家規模の争いを支えたのは、まさしく個人と国家を連結させる地域レベルの集団であった。このよ

＊ 江戸時代に作られた当時の五人組の制度は、ここで紹介した束縛的な機能よりも、老いて子なき者や幼少にて父母なき者など、貧困者を助けることが期待されていた（橋木 二〇一七、七〇頁）。

うに、争いが激化するパターンの一つは、人々の生活が地域レベルの集団を介して国家的な規模で絡めとられていくときである。

ここで「個人と国家の中間にあって両者を媒介しうる集団」を中間集団と呼ぼう（森岡・塩原・木間 一九九三、一〇〇六頁）。競争と分業が、個々人を単位にその「強み」を組み合わせている特徴をもつとすれば、中間集団とは、人々の弱さも受け止めうる相互扶助的集団である。

中間集団に着目した最も初期の社会学者であるエミール・デュルケーム（一八五八―一九一七）は、国家と個人の間に横たわる集団を「二次的集団（Groupes Secondaires）」と名付けて、そこに家族、教会、政治団体、職業組合などを含めた*（デュルケム 一九七四）。一般の人々にとって国家が現代ほど身近に感じられなかった長い時代、こうした伝統的な中間集団は、身の回りのニーズを満たすという意味で生活に欠かせない存在であった**。

デュルケームが中間集団に着目したのは、社会の中でバラバラになってしまった複数の職能集団同士を結び付ける結節点としての可能性を、そこに見出していたからであろう。デュルケームは中間集団（彼のいう「二次的集団」）のもつ国家との微妙な関係を次のように特徴づけた。

中間集団は、国家に個人を抑圧させないためにはどうしても必要なものであり、同時に、国家が個々人から自由であろうとすれば、これまた中間集団が必要になる。ここから、両方の側にとって互いが都合のよい存在であることが想像できよう。互いの力を結合する必要性を知りながらも、直《じか》には接触したくないと考える点で両者の利害が一致しているからである。

(Durkheim 1957: 96、引用者訳)

「国家が個々人から自由である」というのは、国民の多種多様なニーズに国家がいちいち対応しなくて済むという意味である。個々人は中間集団への所属を介して、ある側面では自由を獲得し、別の側面ではその自由を制限される存在になる。デュルケームが指摘したように、国家がどれだけ強い意思をもっていても、それを実現する組織をもたなければ、その意思は絵に描いた餅に過ぎない。

＊ デュルケーム自身は著作の中で二次的集団の重要性に着目した初期の学者としてモンテスキューを取り上げている。モンテスキューは、代表作『法の精神』の中で君主の下にいる貴族を「依存的な中間権力」と呼び、政体の安定には両者が必要であると指摘した（モンテスキュー 二〇一六、二九頁）。

＊＊ 近世以前のヨーロッパでは、家族や教会などが典型的な中間集団であった。ところが十九世紀における大資本家の登場に伴って、小規模の手工業を担っていた親方たちが自らの職人たちを守るために同業者組織を盛んに形成するようになる。十六世紀の英国ですでに見られていたこの動きを労働組合の起源とみなす研究者もいる（アンウィン 一九八〇、九頁）。

## なぜ中間集団を見るのか

都会育ちの私が日本の地方で聞き取り調査をしていて驚くことの一つは、地方の若者が一つの身で複数の集団に所属しているということだ。消防団、青年団、婦人会といった昔ながらの地域集団はもちろん、農協や漁協といった生業にかかわる集団からＰＴＡやＮＰＯなどのボランティア・グループに至るまで、日本には多様な集団が各地に点在している。

これらの中間集団は、組織の目的を構成員の福祉のために置く場合もあれば、より広い公益的な機能を担っているものもある。たとえば労働組合は、不当な処遇を受けた人や変化への適応力の弱い構成員の代弁者として上位組織と闘うという重要な役割も担っている。このように中間集団は、様々な緊張関係の「はざま」にある。

しかし、中間集団といっても、その種類や幅はあまりに広い。そこで本章では、中間集団を次のような基準を満たす集団であると規定したい。

（一）　国家と個人、もしくは国家と国家の中間にあり、国や上位組織に発言や交渉を行う対外的なまとまりをもちながら、なおかつ自らの構成員と、サービスが及ぶ対象者（特に弱者）の利害を守る志向性をもつこと。

（二）　非営利を原則として、構成員の間に何らかの仲間意識を育む志向性をもつこと。

（三）　身分など「生まれ」に基づく属性ではなく、構成員の自発性を組織化の原理としていること。

中間集団としての特徴は、集団の周りを包み込む組織との関係、そして集団の内部に抱え込んでいる諸個人の相互関係によって決まる。つまり、中間集団が「中間」たるゆえんは、それがより大きな組織に属しながら、それ自体も独自の構成員をもつという入れ子状の関係性にある。国家が作り出す画一的で強制的なシステムに比べて、中間集団は構成員の自発性に基づき、独自のローカル・ルールに則って組織の目的を遂行する。

こうした中間集団が、一元的な権力に絡めとられて国家の手先となってしまうことなく、国家と適切な距離をとりながら民主主義の防波堤として機能するためには何が必要なのだろうか。*これを明らかにするためには、中間集団が国家と地域社会の間に、そして各々の集団の内部に作り出す重層的な関係性を見なくてはならない。この重層関係は、諸個人が外部から衝撃を受けたときの対応力を決める要素にもなる。

ところで、国家とはもともと様々な地域集団の対立を調停する立場にあった。近代国家が成立する以前も、地域を超える課題については上位の為政者に争いの調停を頼む習慣があったことが

* 国家が統治に役立つ一元化を好み、あらゆる領域にそれを押し付けていく傾向があることについてはScott（1998）を参照。

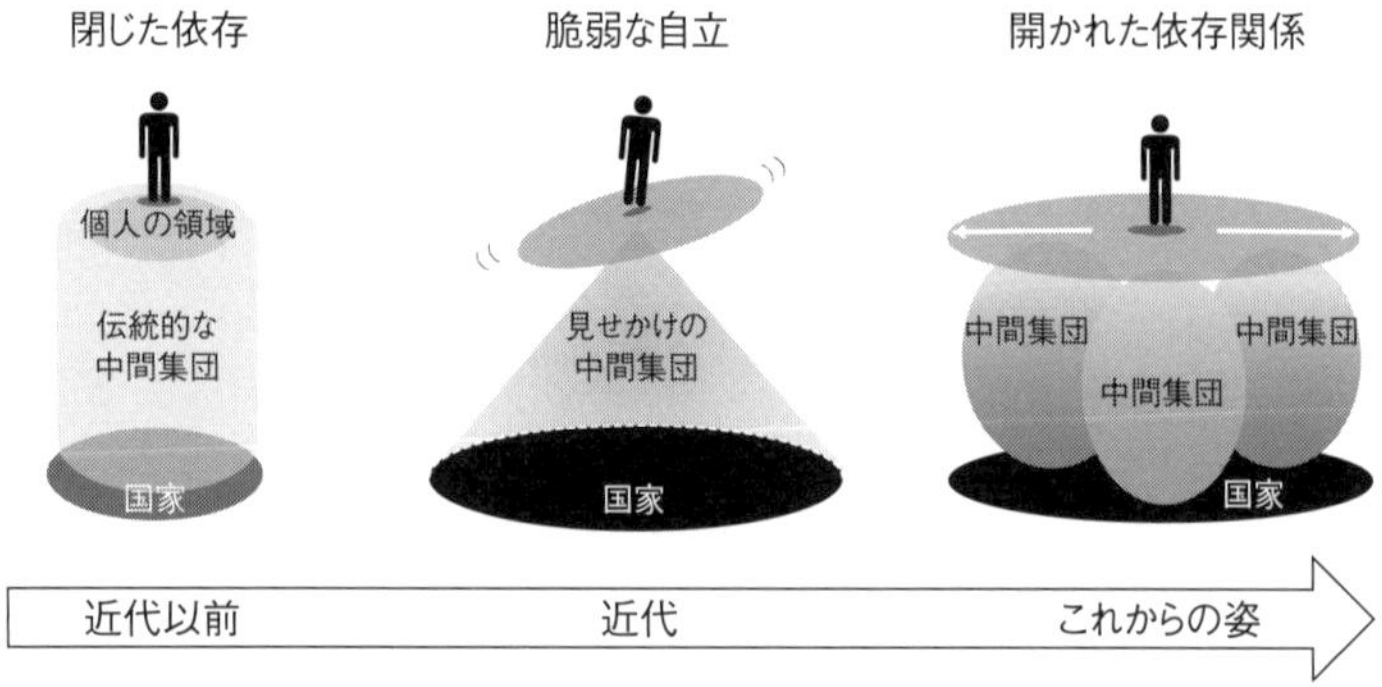


図8-1　変化する中間集団の役割

各地で確認されている。たとえば江戸時代の日本で農民にとって死活問題であった水資源の分配は、しばしば村同士の紛争に発展したが、幕府は総じて「利害の衝突の客観的調停者」として解決の落としどころを見つける役割を担っていた（渡辺二〇二二、一六〇頁）。その時代の農民は、自分の生まれた村社会を半ば唯一の生活基盤としながら、いよいよ困ったときに領主や幕府といった外部の権威にすがるという方法をとっていた。

ところが、これらの中間集団は、後で詳しく述べるように、国家が近代化する過程で次々と解体されていく。

図8－1は、中間集団が、前近代の伝統的な中間集団（図8－1の左）から、国家が拡大する近代へと移る過程を表している。近代以降の世界では「自分のことは自分で」という自立の思想が支配的になる。だからこそ、自立の反対概念であるように見える「依存」は嫌われてきたのだろう。だが、国家がその影響範囲を拡大させて諸個人と直につながってしまうと、その個人がいくら「自立」している

ように見えてもその自立は脆弱《ぜいじゃく》である。国家が大きな争いの場になったとき、むきだしの諸個人はその歯車に成り下がることを避けられないからだ（図8―1の中央）。そこでの「中間集団」は自発性を欠いた「見せかけの中間集団」であり、国家の出先機関でしかないからである。

根なし草になった個人は徒党を組んだとしても横の結びつきが弱く、大きな権力に対して無力になる（Kornhauser 1960）。また、国家と一体化した、閉じた依存関係の中にいる集団も、国家の暴走に対しては抵抗力が弱くなる。国家が暴走して個人が無力化された悲惨な事例は第六章で見た。互いの結びつきを失って「原子化（アトム化）」した諸個人は、国家の暴走を下支えしてしまうのである。

そこで国家と個人の関係を取り持ち、依存の受け皿として中間集団を複数化する可能性に期待がかかる（図8―1の右）。それぞれ自律した複数の中間集団にまたがっている個人は、より安定的であり、外からの急激なショックに対しても抵抗力をもつことが期待できる。

では、中間集団そのものの性質について整理してみよう。

## 自発性という基準の難しさ

中間集団の意義は、それが何を「する」かということ、つまり中間集団としての役割にかかっている。従来指摘されてきた中間集団の役割とは、上位集団と交渉しながら、構成員を守り、地域の実情に応じて治安・防災、環境保全、教育、医療、町づくりなどの公益的なサービスを提供することである。中間集団の性格をもう少し明確にするために、似たような組織と比較してみよう。

まず日本の地方政府を考えてみる。市町村に代表される地方政府は中間集団と言えるだろうか。地方政府は、たしかに中央政府と生活者個々人の間に横たわる組織であり、非営利であるという点では中間集団に似た性格をもつ。また地方政府は、米軍基地の辺野古移設に反対する沖縄県のように上位組織である中央政府と対峙し、市町村民の利益を守りながら帰属意識を醸成する場合もある。だが、日本の地方政府はもともと人々が自発的に組織したものではないし、財源や人員においても中央政府に頼っている面が多い。よって、日本の地方政府は本章の定義する中間集団とは合致しない。

しかし、これが米国の地方政府になると、とたんに中間集団に近いものになる。米国の場合、地方自治は建国以来の政治の原点であり、各自治体は独自の警察、裁判所、刑務所などを保有するだけでなく、連邦政府からは半ば独立して課税や立法を行う自律性をもつ。市民の方も、州や自治体の方に強い帰属意識を感じている場合が多い（五十嵐 一九八四、久保ほか 二〇〇六、一八八頁）。このように、「地方」であるか否かよりも、人々の自発的結社として成り立っているかどうかが中間集団の定義にとって重要になるのである。

では、市民社会は中間集団と言えるだろうか。辻中豊らの定義によれば、市民社会とは「政府でもなく、市場（営利企業）でもなく、家族などの親密圏でもない領域」である（辻中・森二〇一〇、一六頁）。この定義は、表面的には本章が提示した三つの基準を満たしているように見える。ただし、自律した中間集団には、それぞれ固有の目的があり、構成員の所属の可否を左右する「理念」がある。そのため、中間集団をひとまとめに「市民社会」と呼んでしまうと、個々の集団が、それぞれ独自に社会に提供しているサービスを誰が享受し、誰が分配から外れているのかが見えなくなる。

そう考えると、現代の日本ではNPOやNGOと呼ばれる集団が、中間集団の定義にもっとも近いということになりそうである。しかし、多くのNPO／NGOは地域の課題解決に主眼を置いているとはいえ、「国家に物申す」という点では必ずしも機能していない。むしろ労働組合や「〜協会」のような非営利の連合体の方が中間集団のイメージに近いかもしれない。いずれにせよ重要なのは組織の体裁よりも、中間集団としての働きである。

NPOやNGOの中には、政府が自らの政策を現場に貫徹させるために、その出先機関としてつくるものもある。その場合に問題になるのは、中間集団の要件の一つである「自発性」をどう定義するかということである。

私の調査体験から一つ例を出そう。大学院時代の私はタイをフィールドに森林保全の社会的背景を研究していた。そこで知ったのは、一九六〇年代から八〇年代にかけて、タイの東北部で最も熱心に植林や森林保全活動を支援していたのが米国政府の出先機関やフォード財団などの民間組織であったという事実である。当時の私はそのことに何の疑問も抱くことなく、彼らの残した農村での活動報告書などを額面通りに読んでいた。

しかし、研究を進めていくうちに、タイ政府や米国を中心とする援助機関がこの地域に事業を集中させるのは、放っておけば共産主義勢力に取り込まれてしまうかもしれない人々に「開発」の恩恵を感じさせ、中央政府に帰属意識を持たせるためであることが分かった。森林保全は、いわばアリバイ作りのための活動だったのである。

学生時代の私は現場にばかり気をとられ、外国の援助機関やタイ政府が東北地方の支援に力を入れる理由を理解できていなかった。貧困削減や森林保全を謳った「自発的な」ボランティア組織の多くは、実は米国のＣＩＡ（中央情報局）やタイの内務省によってつくられた政府の「出先機関」に過ぎず、彼らの本当の役割は、人々が共産党に流れないように監視し、開発や援助を通じて彼らを政府の側に引き付けることだったのである（Puangthong 2021）。

このように「自発性」の装いをもちながら、実際には外から促されて設立される中間集団もある。また組織の歴史が長くなれば、集団が設立された当初の目的意識が見失われて、構成員の組織を支える意欲が形骸化してしまうことも考えられる。自発性は中間集団の重要な要件であるとはいえ、その有無を外形から判定するのは容易ではない。この点もまた中間集団の厳密な定義を難しくしている。

## 中間集団内部の専制

自発性の問題に加えて考えなくてはならないのが中間集団の内部で生じる暴力や争いである。閉じた地域や会社、学校で生じる争いの方が、国家による暴力よりも、時に人を死に至らしめるような決定的な実害をもたらすことを私たちは知っている。法哲学者の井上達夫（一九五四－　）は、企業での過労死などを例に挙げながら「日本社会で個人権が十分尊重されないのは、国家権力が強すぎるからというより、むしろ、中間的共同体の非公式的統制力が強すぎるから」と指摘して、共同体内部の専制を問題視した（井上 二〇〇一、一六三頁）。

実は、先述のデュルケームも中間集団の内部にある暴力や専制を十分に自覚していた。本来、中間集団を上から統括する立場にある国家は、中間集団同士の争いや中間集団内部の争いを取り除くべき立場にある。ここでデュルケームは問うた。各地に点在する小集団の暴力の解決を国家に任せようとする過程で、「こんどはこの（国家の）干渉の方が専制的になってしまわないだろうか」と（デュルケム 一九七四、九八頁）。彼は、国家と距離をとったはずの中間集団が、その内部で支配－服従の関係を再生産し、より強力な暴力装置に転じてしまう可能性をすでに懸念していたのである（Durkheim 1957: 61-62）。

デュルケームは、国家による抑圧が地域の個別性を顧みることなく画一的・恣意的になりやすいために、中間集団による抑圧よりも一層耐え難いものになると考えた。彼は言う。

国家は、今日の大規模な社会にあっては、特殊利害にきわめて疎くなっているので、それの位置している特殊な、地域的な条件をはじめとするさまざまの条件を考慮に入れることができない。だから国家は、諸特殊利害を規制しようとしても、それらに強権をふるい、ねじまげることによってしかそれに成功しえない。（デュルケム 一九七四、九八―九九頁）

中間集団は、確かにその内部で争いの芽を宿しうるのだが、それでも地域の「特殊利害」をねじ曲げてくる国家に抵抗する力としては、そこになくてはならないというのがデュルケームの考えである。デュルケームは、国家の暴走に対して、デモや選挙といった直接的な方法ばかりを想起する私たちに、もっと身近にある「中間集団を増やす」という別の選択肢を示してくれたのである。

他方で中間集団の数を増やすだけでは、中間集団同士が政治力や財力を背景に主従関係を生み出してしまうことになるかもしれない。一つの集団が別の集団を飲み込んでしまうことなく、それぞれの集団が一定の自律性を維持するためには、やはり国家がその調整役として中間集団の暴走を監視する必要があるだろう。そして、その監視が過度なものにならないようにする上では、各々の中間集団の自律性が大きな役割を果たす。国家か中間集団かという二項対立で考えるのではなく、両者の関係性が問題なのである。

ここで日本における中間集団の系譜を簡単に振り返っておこう。

## 日本における中間集団の歴史と現状

閉じた依存関係の上に成り立つ伝統的な中間集団が一般の人々の生活実態から離れ始めたのは、日本の近代化初期のことだった。日本では近世において各地で多様な職能集団が形成されている が、その機能は同業者の利益を守るために構成員の数を制限したり、価格や賃金の引上げを申し合わせたりするなど、過当な競争を制限することにあった。* しかし、明治維新とその後の文明開化の流れは、もともと存在した中間集団を一気に解体へと向かわせる。徴兵制や地租改正、学制などの国家政策を地方まで行き届かせるために、明治政府はそれまで高い自治能力をもっていた町や村をいったん否定する必要があった（牧原 二〇〇八、一〇七頁）。

藩を廃止して中央政府直下の県に置きかえる廃藩置県は、中間集団の解体を目指す典型的な施策であった。民衆に国家との一体感をもたせない限り、近代国家は成り立ちえず、対外戦争に踏み出すこともままならないからである。** このように、伝統的な中間集団の解体は、国家が戸籍制

＊　日本における中間集団や結社の歴史については、たとえば塚田編（二〇〇〇）や福田編（二〇〇六）を参照。

＊＊　もっとも、徳川時代に長く定着していた「御恩と奉公」に基づく忠誠原理は、明治維新によって一朝一夕にひっくり返ったわけではなかった。このテーマについては、帰属意識が外部環境の変化に応じてどう変化するかという観点かつ、「廃藩」後も旧藩主への忠誠を捨てなかった幕臣を研究した乾（一九七八）が参考になる。

度などを通じて直接に個人を把握するために不可欠なステップと見なされたのである。*

思想史家のケネス・パイル（一九三六―　）は、明治期の教育を振り返り、当時の日本に導入された欧米流の学校教育の中で、江戸時代までの伝統的な依存関係が「破るべき殻」と見なされていたことを、こう表現した。

新しい学校における学生たちの間では、伝統的な縦の依存関係――子どもの親にたいする、家臣の領主にたいする、生徒の教師にたいする、現存の人々の過去のすべての世代にたいする――に向けられた批判的な姿勢が、直情的で自己主張的な行為となって現われた。

（パイル　二〇一三、三四頁）

「新しい学校」は日本人に対して欧米流の、自分の主義主張を重んじる態度と、自立心や自尊心を教えた。伝統的な依存関係の存在は、まさにその対極にあるものと見なされ、競争こそがそれを打ち破るメカニズムであると考えられた。なぜ、国家はそのような思想を推し進めたのか。それは、上からの操作だけで各地に深く根を張った中間集団を解体しようとするよりも、集団の成員である個人を刺激し、その成員個々人が既存の集団から自由になろうとするのを後押しするほうが効果的と考えられたからである。画一的な学校教育の実施も、この方針の一環とみてよい。要するに、政府は伝統的な集団を、その内側から解体しようとしたのである（作田　一九八一、九三頁）。集団内部と集団間のそれぞれにおいて接着剤の役割を果たす「依存関係」は、国家にとって同様に否定すべきものであった。

このような近代化がさらに進むと、市場と国家の領域が拡大して、地域に根づいた中間集団は放っておいても弱体化するようになる。中間集団はかつての中心的な地位を追われて、国家にも市場にも敵《かな》わない、控えめな「第三極」に成り下がってしまう。

第一章で見た競争原理は個人主義と表裏一体をなし、人間が生まれついた国家や地域集団、血筋や家柄などからの自由を拡大させた。伝統的な共同体は個人に対して抑圧的であり、外部にも閉鎖的な傾向をもつ。これに対して個人主義が浸透した社会では、たとえば貧しい農民の子も、競争に勝ち抜けば違った職業につくことができる。しかし、近代化の過程で解体されたのはこうした「縦の依存関係」だけではなかった。かつて身の回りで「横の依存関係」を保つために形成され、各個人に内面化されてきた諸々の規範も同時に衰退してしまったのである。挨拶の仕方や友達との付き合い方などの礼儀は、もはや家庭や地域社会ではなく、国の検定を通った「道徳」の教科書などを通じて、学校で教わらなくてはならないものになってきた。

＊ 政府の思惑と実際の中間集団の組織化は別である。一八八〇年代の日本では全国規模で民権結社の運動が盛んになった（新井 二〇〇六）。ただし、一九〇〇年に制定された治安警察法は集会や結社を届け出制とし、実質的に社会主義、共産主義の結社を禁じるなど、政府は自由な結社を認めなかった。明治期の日本の中間集団は、下からの突き上げと、上からの統制がぶつかり合う結節点におかれていた。

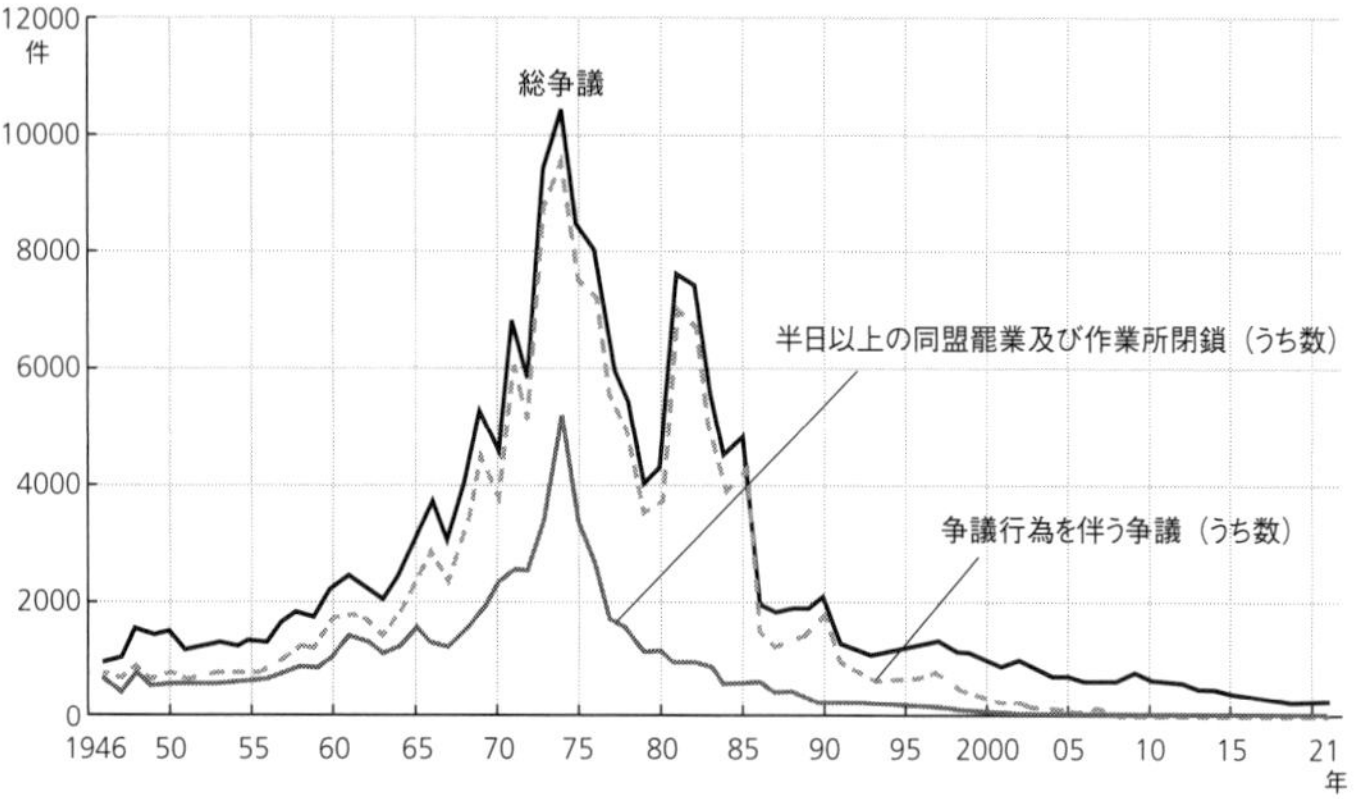


**図8-2　労働争議件数の推移（1946-2021年）**

近代化に伴う伝統的な中間集団の解体は、出自や身分を問わず、自発性を重視するという点で新しい公益団体の興隆をもたらした。たとえば十九世紀終わりの日本で在野の知識人らによって相次いでつくられた明《めい》六《ろく》社、民友社、交詢《こうじゅん》社や政教社などの新しい形の団体や、慶應義塾などの私立大学は、社会における議論喚起や人材育成という観点から、重要な中間集団であった。「生まれ」が所属を決めていた時代を思えば、自発的に形成される中間集団の誕生は画期的であったとさえ言える。

しかし、その後の日本で中間集団が次々と組織されるようになるまでには、第二次世界大戦の終結まで待たなくてはならなかった。一九二五年に公布された治安維持法など、政府当局の様々な締め付けによって、結社や集会が厳しく制限されたからである。

第二次世界大戦後、日本における中間集団の未発達を深刻に捉えた連合国側は、ポツダム宣言で日本の

「民主主義的な傾向の復活と強化」を謳い、その手段として労働組合の形成を奨励した。この事実は、早くも一九四五年十月の段階で連合国軍最高司令官のマッカーサーが労働基本権の保護を指示していたことや、同年十二月には労働者の団結権、団体交渉権を保証する労働組合法が承認されたという手続きの速さに表れている（ゴードン二〇一二、三四二―三四四頁）。日本における労働組合の数は、その後も着実に増加し、それに合わせて労働争議も各地で活発化する（図8―2）。

ところが、一九七五年前後に潮目が一気に変わる。* ここでは専門家の見解を頼りに、労働組合に代表される中間集団の衰退理由の一つを紹介しておこう。労働社会学者の木下武男は「大企業労働者の企業主義的統合と、それを基盤にした労働組合の労使協調への転成」を重視する（木下二〇二一、一八七頁）。要するに、経営側が年功賃金と終身雇用制によって労働者に安定した生活を保障する代わりに、企業意識や忠誠心という「同意」を取り付けようとしたため、組合の活力が平和裏に吸い取られてしまったということだ。そうこうしている間に、多くの企業では非正規の労働者が増えていき、声を上げるリスクをとれない立場に追い込まれた人々は、弱体化していた組合に頼ることもできなくなったというのが大方の状況であろう。

企業での中間集団の動向とは別に、公益の世界では、大規模災害がきっかけとなって中間集団の組織化が勢いづいた。阪神淡路大震災が発生した一九九五年は「ボランティア元年」と呼ばれ、

* 一九七五年前後に何が起きていたのかという点についての詳しい考察は、木下（二〇二一）を参照。

その後、NPO法の施行によって様々な中間集団が設立されるようになった（大橋・利根川二〇二二）。赤十字や社会福祉協議会といった全国的な組織をはじめとして、教育、保健、福祉、スポーツ、学術などの分野で活動する多種多様なNPO法人がそれである。* これらの集団がどこまで「中間」としての機能を果たしているかは個別に見ていかなくてはならない。

少なくともここで言えるのは、中間集団がかつてのように衣食住にかかわる生活全般にわたるニーズを満たすというよりは、「子ども食堂」のように、政府や市場の手が届かない地域レベルの個別のニーズを満たす存在として自らの仕事の範囲を絞っていったということである。

## 互いに乗り入れる国家と社会

自発的な中間集団は、国家の拡大に伴って隅に追いやられがちである。ここで、国家と中間集団の関係をもう一度考え直すためのヒントになるのが、異色の作家、宮崎学（一九四五―二〇二二）の議論である。ヤクザの息子として育ち、大学時代に左翼運動に没頭した宮崎は、アウトローの視点から国家の問題に迫った稀有な知識人であった。宮崎は著書『法と掟と』の中で、国家と重ならない個別の小さな社会を「個別社会」と呼んで、国家によってつくられる「全体社会」と区別する（宮崎二〇〇五、三三一―三四頁）。そして、彼はこの個別社会を成り立たせている規範を「掟」と呼び、国家が明文化する規範である「法」と区別する。

宮崎は、様々な掟に基づいて運営される諸集団から成っていた社会に、国家が後から入り込んできたことに問題の本質があると見た。

……個人の自由を内外からの侵害に対して防衛するという国家の任務は、依然として基礎にあるのだ。だから、国家の社会への介入は必要最低限度にとどめなければならない、ということが前提になっていなければならない。

日本の社会と国家では、ここのところが、前提として、また原則として、充分に明確になっていない。だから、国家が社会の中に入り込み、社会が国家の中に入り込み、お互いに重なり合って融合するような構造になっている。法が掟の中に入り込み、掟が法の中に入り込み、お互いに重なり合って融合するような構造になっている。棲み分けの関係になっていないのだ。そして、そんな構造になっていることを、大半の人たちがおかしいと思わないのである。ここのところで、おかしいと気づくことがまず必要である。（宮崎 二〇〇五、四〇頁）

「国家が社会の中に入り込み、社会が国家の中に入り込む」と書かれた部分は、一見すると本書

＊　内閣府の調査によると二〇〇〇年代以降は、中山間地域の振興、観光振興などを目的とした法人の増加が顕著である（内閣府ＮＰＯホームページ〈https://www.npo-homepage.go.jp/npoportal/〉、最終アクセス二〇二三年二月十五日）。

のいう依存関係の理想的な形に見えるかもしれない。しかし、ここでの宮崎は、国家と社会との力関係が均等ではないことを問題にしているのである。支配の求心力にブレーキをかけ、争いのエスカレートを予防するには、国家が宮崎の言う「掟」の通用する世界を守り、なおかつそうした「様々なローカル」が個人を束縛しないような工夫が必要になる。中間集団が国家権力との距離を自律的に保てているかどうかが、草の根レベルの自由を確保する上で重要になるということだ。

## 中間集団の三つの機能

国家と市場とが、それぞれの領域を益々拡張させ、国家に任せる／市場に任せるという発想が多くの人々に自然に受け入れられるほどにまで一般化した現代、「自発性」を発揮できる領域は狭まっているように見える。国家は「国民に寄り添う政治」を語りつつも法の一元的な執行に努め、市場は「こうすると儲かる」とささやいて人々の経済行動に影響を与える。これらのはざまに立つ中間集団には「争わない社会」をつくるためにどのような役割が残されているのだろうか。

中間集団の機能は次の三つに整理できる。第一に、中間集団はその構成員の間に仲間意識と「掟」をつくり出すことによって、生活の現場に近いところで争いの芽を摘むことができる。旧い共同体から解き放たれた個々人が私的な利益を無制限に追求するようになると、競争と個人主義の雰囲気が蔓延して信頼関係が劣化し、地域社会の居心地が悪くなる。この時に全く規制がなければ「抜け駆け」が横行して、中間集団内部の争いに火がついてしまうかもしれない。

　そうさせないためには、生活世界に根を張る個々の集団の利害を超えた視点に立つ調整者が必要である。たとえば観光業が盛んな地域では、民宿を中心とした観光協会という中間集団がつくられていることが多い。この団体は、土地の売買によって所有権が特定の人に集中してしまうような「土地の流動化」を防ぐ機能をもつ。つまり、経営に行き詰まった民宿が、地域に縁もゆかりもない外資などの大手資本に土地を売り払ってしまわないようにするために、協会が取引を規制し、地域を安定させる役割を果たすというわけだ（楜澤 二〇〇四、一五一―一五三頁）。これは、よそ者の私的所有権による脅威に直面した集落が協働して森を守ろうとした入会（第五章参照）の現代版に近い。

　第二に、非営利組織としての中間集団は独自の規範に基づいて政府や市場が提供しない財・サービスを提供できる。中間集団の活動範囲は介護や医療、教育機会、地域の見守り活動など、多様な領域に及ぶ。こうしたサービスは人々がそれぞれの居場所で暮らし続けることを助けるという意味で「争わない社会」の構築に貢献する。第七章で見たように、暮らしの足場がしっかりと安定している人は、外からの大きな力に翻弄されにくいからである。

　第三に、中間集団は国家の外側に位置取りながら環境保全や民主主義など地球規模の理念を追求することができる。その事例の一つが、私が数年間、理事として参加した国際ＮＧＯ、中・東欧地域環境センター（Regional Environment Center for Central and Eastern Europe、以下ＲＥＣと略称）である。ハンガリーに本部をおき一九九〇年に設立されたこのＮＧＯは、東欧革命後に次々と明らかになった深刻な環境汚染に対する東側諸国の環境対応能力を高めるために設置された。情報収集と提供、訓練と能力開発、政策提言などが主な活動内容である。

ＲＥＣは、環境に関する情報の開示や政策提言にとどまらず、環境を通じて東欧地域に健全な市民社会を育成し、そこから社会全体を民主化することを目指した。つまり、環境問題を直接解決するのではなく、各国の文脈に応じて地域の人々が自分たちで問題解決できるよう促したのである。トップダウンで物事を決めていた旧ソビエト地域では、新たにつくられた市民団体などがボトムアップで意思決定を行うためのノウハウを必要としていた（O'Brian 2010）。

ＲＥＣは、中・東欧地域の環境専門家の拠点として長く機能し、その地域の環境問題に取り組む人々の間に仲間意識を醸成することに貢献した。ＲＥＣは国家の暴走を「止める」のではなく、環境保護の分野で国家の政策を「方向づける」という独特の使命を担って活動した中間集団であった。

国際赤十字や「国境なき医師団」、あるいはダボス会議のような緩やかな自発的結社も、地球規模の理念に基づいて活動を担う類似の中間集団として位置づけてよい。このような中間集団は、国境をまたいで「個人と国家の間」で自律的に活動している点で、財源や意思決定において国家を前提とする国連とは性質が異なる。国家の論理に従属しないこれらの中間集団への期待は、気候変動など地球規模の課題に起因する争いが増えている中で、益々高まっているのである。

## 中間集団が力をもつ条件――二つの組合の例

では、こうした中間集団が十全に力を発揮するには、どのような条件が必要になるのだろうか。話題を再び国家の内側に戻して、いくつかの実例を見てみよう。ここで特に注目したいのは、労使関係において従属的な立場にいるはずの労働者らが、中間集団をテコにして支配階級に対する「発言」に成功した例である。

政治学者のティモシー・ミッチェル（一九五九―　）は、様々な集団の間の力関係が各集団単体としての政治力よりも、重要な天然資源へのアクセスに規定されていることを明らかにするために、十九世紀末のヨーロッパで炭鉱夫らのストライキが労働条件の改善に効力をもった理由を探った（Mitchell 2011）。

当時、石炭の採掘という危険性の高い仕事に携わる労働者は、社会の「底辺」層を構成する人々であった。それでも彼らはその強い結束力によって高い頻度でストライキを実施し、組合を介して経営側との交渉を有利に進めていた。こうした交渉力が培われた背景をミッチェルは次のように分析した。炭鉱では、作業の大部分が地下で行われるために労働者は地上の監督者から離れた場所にいる。そのため、彼らは自分たちで作業内容を調整したり、ストライキやサボタージュを仕掛けたりする自由度をもつことができた。何よりも、産業社会全体が労働者らの供給する石炭に全面的に頼っているという依存関係が、炭鉱夫に大きな発言権を与えたというのがミッチェルの見立てである（Mitchell 2011: 19-20）。

電力や交通など、産業全体を支える社会インフラの中枢部分が石炭に依存しているとき、その採掘と流通に影響力をもつ炭鉱夫の訴えには経営者も耳を貸さざるをえない。労働者は「二ペニーの価値もない物質を正しく用いれば、機関車さえも簡単に麻痺《まひ》させられる」というわけだ（Mitchell 2011: 23）。石炭が特定の場所に偏在していたことが、そこに集まる炭鉱夫たちに強い政治的発言力をもたらしたのであった。

権力に対峙するための合法的な手続きがあるからといって、直ちに中間集団が国家をはじめとする大きな存在に抗う力を手にするわけではない。組織化はもちろん有用だが、組織の声が交渉力に転換されるためには、「石炭流通の首根っこをつかんでいる」という実態こそが重要であった。社会を構成する利害関係者の間の依存関係は、時には互いの存在を引き立て、時には影響力のある他者に要望を押し通すためのテコになるのである。本章の前半で中間集団の体裁よりも働きの重要性を指摘したのは、これが理由であった。

右に見た炭鉱の事例は、石炭を産業の「血液」とする社会に固有の稀有な事例ではない。末端の生産者を含めた裾野の広い協力が得られる事例は他の領域でもある。たとえばインドのマハラシュトラ州の製糖産業に関するアットウッドの研究を紹介しよう（Attwood 1988）。一九七〇―八〇年代のこの地方では、富裕な上位カーストを中心とする有力者が様々な農産物の生産過程を支配していたにもかかわらず、サトウキビについては生産から流通に至るまで、小農を含む立場の弱い人々が広く協力する組合が機能していた。組合はその構成員の経済規模にかかわらず、資金融資、技術研修、種子や堆肥の支援などのサービスを提供していた。

アットウッドによれば、人々がこのように社会階級の違いを越えて協力するのは、地域の文化や伝統がそうさせるのではなく、互いに協力しなければ生産活動が成り立たないという切実なニーズがあったからであった。サトウキビは劣化が早いので、素早く安定的に流通させなければ市場価値がゼロになってしまう。農産物の保存のきかなさという動かしがたい性質が、複数の組合を結びつけて人々の協力を「強制した」というわけだ。利益を得たいのは貧農も富農も同じである。ただし、特定の大規模業者がすべての工程を支配しているような地域では、そもそもそうした協力のインセンティブが働かない。マハラシュトラのこの地域で社会的立場の違いを越えた協力が機能したのは、一つの組合が他を凌駕するほど強くはない状態があったからであった。

ヨーロッパの炭鉱とインドのサトウキビ産地という二つの事例から分かることは、中間集団の「すること」に力を与える依存関係の重要性である。利害や階級に基づく依存関係は、一見、凝り固まっていて変わりようがないかに見える。しかし権力の座にある有力者も、現場にいる人々の力を借りなくては自分たちの意思を実現することができない。上の二つの事例で組合という中間集団が有力者を動かせたのは、彼らもまた現場の人々に依存していたからに他ならない。

依存関係がうまく組み上がると、弱い立場にいる人々にも交渉の余地が生まれ、彼らにとっては手近なところに、それまでなかった自由が引き寄せられる。中間集団の機能は、組織の大きさや帰属意識だけでなく、そもそもの組織化の理由――労働環境や農産物の流通メカニズム――によっても、その働きを条件づけられるのである。

中間集団は、このように必要な時に権力に近づき、危ういと感じれば権力を遠ざけることができるような、自律的な方向感覚によって守られている。ただし、そうした自律性は何かに保障されているわけではない。自発的に設立された組織が、簡単に権力の一部に取り込まれてしまう場合もあれば、逆にもともと国家の命令でつくられた組織であっても、独自の道を歩み、自発的な活動を続ける場合もあるかもしれない。

中間集団は自発性を柱にしているために、形成されるのも早いが消滅してしまうのも早い。先述したRECの場合、当初の設置目的である「環境を介した民主化」が半ば達成された後に、組織は目的意識を失って弱体化した。財源の困窮は、NGOであったはずのRECを政府に近づけることになり、中間集団としての自律的な働きは形骸化し、組織は二〇一九年に解散に至ったのである。

以上を総合して考えると、「争わない社会」に求められているのは、国家や権力組織に対抗できる中間集団ではなく、国家をはじめとする権力組織との距離を自律的に操ることのできる中間集団を育てることであることが分かる。

## 孤立を防ぎ、結束を促す

人々が自分の意思を表明しながら社会のあり方を変えていくには、国という単位は大き過ぎる。十九世紀前半の米国にフランスから赴いたトクヴィル（一八〇五－五九）は、米国の各地で「タウンシップ」と呼ばれる地域集団が組織され、それぞれの地域課題に住民が自発的に取り組んでいる姿に感銘を受けた（トクヴィル 二〇〇五）。すでに指摘したように、米国の州や末端の地方自治体は、独立した権限を多くもちつつ連邦の方針に対抗する力も備えているという点で中間集団と呼ぶにふさわしい位置にある。英国から新大陸に移住してきた人々にとって米国の土地が豊富であったことは、そうした自治を可能にする物的条件にもなった。

トクヴィルは米国のニューイングランド地域で実践されていたタウンシップによる自治を見てこう書いた。「自由な人民の力が住まうのは地域共同体の中なのである。地域自治の制度が自由にとってもつ意味は、学問に対する小学校のそれに当たる。この制度によって自由は人民の手の届くところにおかれる」（トクヴィル 二〇〇五、九七頁）。国家権力に個人の自由が絡めとられないようにしながら、同時に、地域では解決できない課題に国家の適切な介入を促すことができる社会はいかにあるべきか。トクヴィルはタウンシップに見られる草の根集団に、将来の民主主義の可能性を見た。それは、個々人が身近なところに依存先の根を下ろすことができる、誰も孤立しない社会への道であった。

大衆が争いに巻き込まれるかどうかは、それを構成する個々人の紐帯の強弱に左右される。政治学者、丸山眞男は「原子化（アトム化）」という言葉を使って人々の孤立がもたらす危険性を指摘した。彼は、「大衆がなぜ独裁者を熱狂的に支持してしまうのか」という問いに、こう答える。

（原子化した個人）タイプの人間は社会的な根無し草状態の現実もしくはその幻影に悩まされ、行動の規範の喪失（アノミー）に苦しんでおり、生活環境の急激な変化が惹き起こした孤独・不安・恐怖・挫折の感情がその心理を特徴づける。原子化した個人は、ふつう公共の問題に対して無関心であるが、往々ほかならぬこの無関心が突如としてファナティックな政治参加に転化することがある。孤独と不安を逃れようと焦るまさにそのゆえに、このタイプは権威主義的リーダーシップに全面的に帰依し、また国民共同体・人種文化の永遠不滅性といった観念に表現される神秘的「全体」のうちに没入する傾向をもつのである。

（丸山 二〇〇三、三八五頁）

横のつながりに欠けた原子化した個人を生み出さないようにすることは、権力の暴走を制御する可能性につながる。それは、何かに「全面的に帰依《きえ》」しなくて済むような、頼れる仲間をいろいろな場所につくることに他ならない。結社の意味は、単に団結して政治的発言力を強めるところにあるのではない。各々の集団を人々の依存先として育み、その仲間たちとの協働作業の中で社会の向かう方向を確認するコンパスとしての意味があるのである。

## 輝きには欠けても

本章で見てきたように、中間集団とは、国家権力にとって便利な手先ともなる一方、権力への抵抗や抑止の急先鋒としても機能する側面をもつ。そして、高度に発達した分業体制が、強み＝専門性を通じてのみ人間の依存関係を深化させる方向性をもつのに対して、中間集団は人間の弱みをも抱きかかえるような機能をもちうる。こうした多面的な可能性をもった中間集団を、単なる人の集合体と見なすのではなく、国家と個人とを媒介し、依存関係を取り持ちながら、争いの激化に歯止めをかける装置として再評価すべきである。

仲間の世界はドロドロした人間関係を含む面倒な世界にもなりうる。仲間外れ、仲間割れといった言葉があるように、内向き志向が特定の構成員を苦しめることもあるだろう。しかし、こうした中間集団が複数存在し、それでいてどれか一つの集団による突出した支配を許さないようにすることができれば、中間集団は個人の自由を増大させる存在になりうる。国家を直接に抑え込もうとするのではなく、中間集団の層を厚く育てるほうが「争わない社会」に近づく堅実なステップではないだろうか。

先述のトクヴィルは、民主主義の理想がかなった社会における人々の振る舞いを次のように書き残している。

熱狂と熱烈な信仰には欠けるが、それに代わる知識と経験が時として市民を偉大な献身に駆り立てるであろう。一人ではみな無力なので、誰もがひとしく仲間なしではいられないと感じるであろう。そして、自分が仲間に協力しなければ、その援《たす》けを得られないのは明らかだから、個人の利益が全体の利益に結びつくことはたやすく分かろう。

国民全体としては輝きと栄光に欠け、おそらく強力でもないであろう。だが、市民の大多数は一層の繁栄に恵まれ、民衆は平穏に暮らすであろう。よりよい生活はありえないと絶望しているわけではなく、現に恵まれていることが分かっているからである。

（トクヴィル 二〇〇五、二一〇頁）

国家の枠の内にありながら、それに従属せず、市場システムの内側にありながら、それに支配されない。本来の中間集団は、トクヴィルの言うように相互扶助の原則に基づいて構成員たる仲間のために働く集団であり、人々を自由にもすれば束縛もする。しかし大きな国家権力の行使に直面したとき、それは人々の自由を守る防波堤になりうるし、そうなるようにしていくべきだというのが私の考えだ。

閉じた依存関係の中で生きていた長い時代、人々は依存先を選ぶことができなかった。自分が生まれついた集団とつきあっていく以外に道がなかったからである。そして近代以降、伝統的な集団から解放されて「自由」になった人々は、その一方で国家と直につながったり、市場の影響下にある組織のみに依存せざるをえなくなったりして、別の意味で依存先が制約されてきた。これに対してグローバル化が進んだ今、依存先は「受け入れるもの」から「選べるもの」へと変わりつつあるのではないか。近代の初めに人々が手に入れたはずの自由を実現するには、依存先の選択肢の幅を広げていく必要がある。

本書が人間の依存関係に注目するのは、人々の依存先としての中間集団を厚くしていくことが争わない社会の実現に不可欠な土壌になると考えるからである。もちろん、中間集団には様々なタイプがあって、中には過激な思想をもつもの、暴力の温床になるものも含まれるだろう。だが、民主国家において合法的に存在する集団であるかぎり、中間集団の内部に専制の可能性があるからといって、国家が予断をもって中間集団の選別に踏み込むべきではない。それよりも、中間集団の構成員になる人々により多くの選択肢を用意することの方が重要である。

トクヴィルは、中間集団を介して自由を身近なところに引き寄せた人々には、輝きや栄光はなくても、繁栄と平穏さがあると書いた。中間集団を厚くするとは、言い換えると、人々が頼れる依存先を充実させて、益々拡大する市場や国家への依存の程度を抑えながら、人間同士の関係を「平穏な暮らし」に向けて組み直すことに他ならない。

次章では、争わない社会に向けてここまで紹介してきた工夫や対処法をいくつかの水源と見なし、それにつらなる流れを「史観」として捉え直すことで、本書の結論としたい。

# 第九章

# 依存史観——歴史の土を耕す

……人間が何らかの比較的ひ弱な生物から進化してきたことは、人間にとって非常に幸いなことだったかもしれない。人間の肉体的な力の弱さ、スピードの遅さ、自然の武器を備えていないことなどは、……社会的資質によって仲間を助け、また自分も助けられたことによって、十分以上に補償されている。

——ダーウィン『人間の由来』

## 「中」の模索

本書を締めくくるにあたって、ここまでの議論を振り返ってみよう。ただし、ここでは各章の主題——たとえば分業の歪みや権力の集中——を再論するのではなく、各章末で軽く触れるにとどめた、争いを重症化させないための個別の工夫や代案の方を表舞台に立たせて論じる。個別の場面で実践されていたこれらの工夫や代案には、「開かれた依存関係」をつくるヒントが散りばめられていると思われるからだ。この最終章ではそれらをひとつなぎに紡ぎ出し、争わない社会への提言として練り上げてみよう。

様々な時代や場所で認識されていた争いへの対処には、それぞれの意味があった。本書のⅠ部「発展の遠心力」では、競争と分業、対外援助における課題を提示したが、第一章で紹介した「負けの受け入れ方」のように、競争を争いに転化させない工夫はかなり以前から考案されていた。

第二章で取り上げたアダム・スミスは、分業を定式化した経済学の祖と位置づけられているが、彼は、分業社会の末端で単純作業に従事する労働者が同じ作業を繰り返すことで知的・社会的な犠牲を強いられることを懸念し、政府による基礎教育の充実を提言した（Smith 1976 Vol. 2, Book IV, 302）。第三章では、日本が発展途上国の自立を強調する欧米諸国と歩調を合わせて「自助努力」をスローガンに掲げつつも、実際には官民一体となって相手国との依存関係の深化を模索していたことを確認した。

Ⅱ部「支配の求心力」では、第四章でダーウィン進化論の慎重な見直しを行ったクロポトキンが、二十世紀初頭の段階で「相互扶助」を、適者生存に代わる生物進化の原理として提示していたことを見た。「相互扶助」は、後にダーウィンを論じた人々には見落とされがちだった依存関係の重要性を思い出させるキーワードであった。続く第五章では、誰のものでもないはずの自然資源が私的に所有されることの影響を論じた。そこで確認したのは、地域共有のコモンズを拠り所にしていた人々が、やむにやまれず争いに巻き込まれ、外部者の支援を受けながら私的所有の拡大に歯止めをかけようとする姿であった。

図9-1　発展の遠心力と支配の求心力

第五章までに扱った事例の多くは、人々に依存先を変える自由がない「閉じた依存関係」の時代になされた工夫であった。人々の依存先が著しく限られていた時代、こうした個別の対応が精一杯の「できること」だったのだろう。しかし、個人化した人間の居住地がグローバルに広がり、生業も流動化した現在、人々の依存先は新たな形でつくり出されなくてはならない。

新しい依存先をつくる上での問題は、発展の遠心力による個々人の自由の拡大がいわば目隠しとなって、その裏側で生じている特権の集中が見えづらくなっているという点である（図9－1）。第六章で取り上げたインドネシアやフィリピンの事例では、インフラと経済開発のまぶしさの陰で権力の極端な集中が進んだことを見た。そこで発展を支配や争いに転化させない基礎条件として、規定路線に対する異議申し立てとしての「発言」を動機づける帰属意識と、人々の帰属先となる中間集団のあり方を第七章と第八章で検討した。

思えば「発展」も「権力」も何かを最大化しようとする志向性をもった運動であった。一方向的な最大化の動きは、それを推し進める人々にその方向以外のことを考えさせないようにする力をもつ。これに対して本書で提示した様々にありうる「中間」は、曖昧さを伴うがゆえに私たちに想像力を要求する。それは、時と場所によって適正な「中間」が異なるからである。振れ過ぎた振り子を元に戻したり、逆に止まった振り子を動かしたりといった働きかけの焦点を、本書では依存関係に定めた。依存関係は、その場その時にふさわしい「中《ちゅう》」を模索するための概念的なツールなのである。

## 発見される依存関係

極端な方向へと最大化しがちな発展と支配を「中」に戻してきたのは、社会の中でも弱い立場に置かれた人々の連帯であったことを忘れてはならない。その声に権力の側が反応せざるをえなくなると、依存関係は社会的に「発見」される。たとえば、国際開発の領域で「ジェンダー」が注目されるようになったのは、開発が男性中心で進められてきたことの自覚と反省が主流化したからである。そこには一九六〇年代のフェミニズム運動から、「開発における女性」、そして「ジェンダーと開発」という重要テーマへとつらなる、女性蔑視との長い格闘の系譜があった(Rathgeber 1990)。一つ一つの「発見」の裏には、人間と人間の争いがあり、意図的であろうとなかろうと、それを下支えする偏った依存関係があった。

環境問題も同じように、無意識の依存関係のバランスが崩れた結果として発見された。その陰には、汚染に苦しめられた人間と公害を生み出した企業との長い争いがあった。開発のしわ寄せが自然環境に及んでいたことに気づかせた最初の作品の一つが、レイチェル・カーソンの『沈黙の春』(一九六二年)であった。環境問題を告発した先駆的な書として知られるこの作品は、産業化や工業化が自然環境に依存した行為であることを昆虫や鳥の生態動向から示し、環境意識の高い人々を連帯させる力になった。しかし、著者のカーソン自身は、自分の発見が決して新しくはないと主張する。彼女は言った。「いますでにわかっていることは、少なくない。それなのに、私たちはその知識を十分利用しようとしない」ことが問題なのだと(カーソン二〇〇一、二九頁)。

たびたび発見される依存関係は、「発展」の見えにくかった側面に光を当てるよう促す役割を果たしてきたと言える。それは、個人や組織を他との関係性から切り離して考えてしまう私たちの癖を自覚させるきっかけでもあった。「いまわかっていること」は多くても、それを見る私たちの視野が狭いのである。

このような、依存関係を視野の中心におく歴史の見方を本書では依存史観と呼ぶ。競争で勝ち残る国や個人を主人公にした二項対立的な歴史観を競争史観と呼ぶとすれば、依存史観とは、人間がその暮らしを成り立たせるために組み上げる他者との関係性に焦点を絞った歴史の見方である。

## 今、なぜ依存史観か

歴史を学ぶことは、自分の現在地を確認する行為であり、どこから歩き始めて、どの未来に向かうのかを定めることにつながる。人文・社会科学に何か「役に立つ」面があるとすれば、それは私たちの多くが無意識のうちに踏み台にして顧みようとしなかった依存の来歴に目を向け、そこから選ぶべき未来の方向を照らすことである。これは、見えているのに、はっきりとは認識されていないものを概念化し、意識の上にのぼらせる作業である。たとえば、私たちは本書の前半で扱った競争や分業が、個別の工場や会社でどのように機能するかをそれなりに認識している。しかし、その中で見えていないのは、それらの原理が個別の工場や会社を超えて、社会全体をどのような方向に誘導しているのかという点である。

現代の米中対立、ロシアや北朝鮮の脅威といった国家間の緊張関係はもちろん、各国内における経済格差や国家を超えた地球規模の問題を考えると、従来の「課題ごとに問題に取り組む」というアプローチの行き詰まりは明らかである。気候変動問題はその典型で、インフラ整備や森林保護といった課題ごとのアプローチは通用しない。個別課題を水面へと押し上げて注目させる力や、逆に見えなくしている力をひとつなぎで摑み出さなければ、社会課題の「発見→事後的対策」という、いつものパターンを変えることはできない。

図9-1で見たように、発展という現象は富や生産力を末端まで押し広げると同時に、特権の集中をもたらしてきた。そしてこの動きの中に、争いの火種が宿ることも分かった。分業の高度化は、特定の組織や人物に全体調整の権限を与える。このように発展の遠心力は支配の求心力を内に含んでいるが、そうとは気づかれにくい。自由や解放を連呼しながら、特権を極端に集中させていった独裁者が一人や二人でなかったことは、第六章で見た通りである。極端な力の集中を避けることは、争わない社会の礎である。その礎を築くためには、個々の依存関係の解消ではなく、依存関係の組み替えを目指す必要がある。

具体的には、争いと依存関係の組み合わせに二つのパターンを見た。一つは、国家―個人に代表される、異なる階層間の「縦」の争いと、それを激化させたり、抑え込んだりする依存関係である。第六章では権力が極端に集中した例を見たが、そこにも独裁を下支えした縦の依存関係があった。

二つ目のパターンは、個人―個人に代表される、同一の階層内の「横」の争いであり、これはいじめや村八分といった中間集団内での争い、あるいは第五章で見たような所有権をめぐる係争が代表的である。閉じた依存関係は権力を集中させ、開かれた依存関係は権力を分散させる。依存史観が示唆するのは、開かれた依存関係の重要性である。

これら縦と横の依存関係を適切に管理するつなぎ役として、第八章では中間集団の可能性を検討した。「争わない社会」をつくるためには、縦と横の依存関係を組み直し、力の結節点を個人と国家の中間的な位置に戻す工夫が欠かせないと考えたためである。「中間」という難しい位置を探すコンパスの役割を果たしてくれるのが本書の言う依存史観なのである。依存史観の価値は競争史観の対抗軸として、両者の間に「思考の幅」をつくりだしてくれる点にある。

## 「争わない社会」をつくるもの

ここで、競争史観の視点からも「争わない社会」の研究が行われてきたことは指摘しなくてはならない。たとえば、軍事力や暴力の不使用すなわち「抑止」に関する理論的研究である（シェリング二〇〇八）。しかし、対立も抑止も、何らかの争いの存在を前提としたものであり、こうした研究は、争いそのものの発生を未然に抑え込む仕組みの解明に動機づけられているわけではない。軍事的な抑止すら必要としない社会、争いが小さいうちにそれを抑え込むことのできる社会への道筋を明らかにせねばならないのである。

争わない社会をつくる根底には、「それ以外に方法がない」という閉塞状態を打開し、「そうではない可能性」を想像する力がある。第六章では、別の可能性を想像させないための「思考の削減」を、独裁者が巧みな言葉で推し進めたのを見た。「そうではない可能性」を想像する際に有効なのが、人類史を単線ではなく、枝分かれを繰り返してきた歴史として見る視座である。特に、過去に視野から外れてしまった「枝」は、「そうあったかもしれない」可能性を宿す、未来構想の材料になる。

たとえば、東南アジア大陸部の歴史を従来の国家史の観点からではなく、平地国家から山地へと逃避した民の視点から描き直したジェームズ・スコット（一九三六―　）は、私たちの知る国家の歴史が、「文字をもつ平地民の歴史」に過ぎないと主張して注目を浴びた（スコット二〇一三）。スコットによれば、徴兵や徴税、奴隷にされることなどを嫌って平地から山に逃げてきた人々は、歴史を書き残していないだけのことで、歴史をもたない人々ではなかった。しかも、平地国家はこうした山地民と別に存在したのではなく、必要なときには交易をしながら互いに共進化してきた。平地の民ではなく、山の民を主人公にした歴史は、争わないことを選んだ人々の歴史としても、よくある「文明化」の物語とは異なる「別の可能性」を示唆する。

本章冒頭のエピグラフのように、弱肉強食を科学的に正当化する風潮の始祖のように扱われるダーウィンも、人間については、その個体としての弱さ(ヽ)が集合的な助け合いによって補われてきたことを評価していた。彼は、たとえばゴリラと比べた際の人間の体力的な弱さこそ、種としての人類の強さの源であることを見出したのである。だが、「弱さが役に立つ」という考え方は、国の政策としてはいかにも使いづらいし、個人の指針にもなりにくい。弱さに着目するダーウィンの考え方が諸国の近代化の中で忘れ去られたのは、これが理由であろう。

しかし、ダーウィンは正しかった。人類は個としての弱さを自覚しているがゆえに、隣人との連帯を模索してきた。そこでまず構築されたのが、労働力の貸し借りや物々交換に始まる様々な形の相互扶助である。相互扶助は依存関係が閉じているからこそ機能する仕組みであった。依存関係は交易を通じて広がり、政治と安定保障を通じて深まった。こうしてできた依存の網の目は、競争や自立といった近代のドグマと微妙な緊張関係を維持しながら、私たちの生活を取り巻いてきたのである。

## 依存関係を見せる

冒頭で定義したように、「依存」とは「他のものに頼って存在していること」であるが、それは依存関係のネットワークという広い視点から見ると、一時的に他の選択肢へと移行しにくくなっている状態を指す。依存関係を「開く」というのは、他の集団との依存関係に移っていく自由が確保されることを意味する。特定の選択肢へと追い詰められた上での依存は「支配」を呼び込み、依存から抜け出したくても抜け出せない状況をつくり出す。支配する側は、その都合のよい関係を維持したいと考える。第六章で見たのは、大衆が独裁権力に依存する構造をつくりだすことに成功した統治のかたちであった。支配は、対外的には争いを過激にし、対内的には専制を通じて人々の自由を奪う。こうしたネガティブなイメージと、「依存」の一般的なイメージとは重なるところが大きい。しかし、依存は開くことによって、争わない社会への希望に変えていくことができる。

閉じた依存の構造を開くには、まず依存関係を可視化しなくてはならない。ジャーナリストや研究者の重要な役割は、まさにこの「見せる」ことにある。イヴァン・イリイチ（一九二六―二〇〇二）の著作『シャドウ・ワーク』はまさにそんな仕事であった。「シャドウ・ワーク（陰の仕事）」とは家庭内の家事、買い物に関係する諸活動、学生たちの試験勉強、通勤に費やされる骨折りなど、賃労働を補完し下支えしている「（対価の）支払われない労働」の全体を指す（イリイチ一九九〇、二〇〇五頁）。イリイチは、このような「金《カネ》で活動を算定する部門から締め出されていて、しかも産業化以前の社会には存在していないような人間の活動《トランザクション》」（イリイチ一九九〇、四頁）を取り上げて、はっきりとは認識されていないものの、確かにそこにある依存の構造を見事に露わにした。

依存史観は自国中心の歴史観と必ずしも対立するわけではない。依存史観から見れば、たとえば米国史は英国からの独立や民主主義の発達ではなく、それを物的に支えた奴隷制や移民労働者の目から描くことができる。十九世紀半ばに米国の工業化のかなめとなった大陸横断鉄道は、中国からの大量の労働者がいなくては建設できなかった（斯波一九九五）。世界史そのものも、そのときどきの強国や中心国だけではなく、強国を様々な側面から支えていた国や人々の視点から語られなくてはならないだろう（Wolf 1982）。

国であれ民族であれ、人は何らかの集団に属しながら自分が帰属する集団の独自性や他の集団との差異を強調して集団内の一体感を確保しようとする。その一方、自分たちが他の集団に依存してきた側面にはなかなか目を向けようとしない。国家がナショナリズムを煽り、社会が個性を重んじるように、今の世の中では「差異」こそが強調点になっている。違いを認めることは大切である。しかし、違いの強調は往々にして、優位性をめぐる争いに転化する。虐げられてきた地域や人々にとって、違いの自覚に基づく結束は大きな原動力であったし、多数派の論理が少数を抑えつける場面では個性も強調しなくてはならない。だが、そればかりに偏ると、人間社会がいかに多くの共通項を持っているかという視点が忘れられてしまい、人々の歩み寄りの可能性を狭めてしまう。

争いの極端な形式としての戦争も、依存史観から読み直すと従来とは異なる側面が見えてくる。まず想起されるのは、戦争に依存している人々である。国内不安を解消するために国民の目を外に逸らす指導者はもちろん、戦争で潤う軍需産業もここに含めてよい。たとえば米国は、一方では人権や民主主義を謳いながら、他方で武器輸出を通じて国富を増大させており、二〇二〇年の武器輸出は九十三億ドル（約九千九百三十四億円）を超えて圧倒的な世界一位である。*こうした依存構造を変えない限り、直ちに戦争に歯止めをかけるのは難しい。

＊　世界の武器輸出額国別ランキング〈https://www.globalnote.jp/post-3865.html〉、最終アクセス二〇二三年三月二十一日。

気候変動についてはどうだろうか。ＳＤＧｓは十三番目の目標として、気候変動への具体的な対策を二〇三〇年までに実施することを世界各国に求めている。気候変動の主要な原因が化石燃料の消費にあることはすでに判明しており、「具体的な対策」とはこの消費を減らすことと同義である。ところが、世界の大部分の政府は化石燃料の生産において関係企業に多額の補助金を支払っていて、燃料価格が実際の市場価格よりも割安であるために、人々はより多くの化石燃料を消費するよう政策的に促されている。各国政府は国際情勢の変化などによる燃料価格の乱高下を抑制するために、補助金を上乗せして、ガソリン価格などが一定の範囲内に収まるように操作しているのである。パリーらは二〇二一年の国際通貨基金（ＩＭＦ）からの報告書で、中国を筆頭に、米国、ロシア、インド、日本といった国々が化石燃料に投入している多額の補助金が大気汚染や地球温暖化を促進する大きな要因になっていると警鐘を鳴らす（Parry et al. 2021）。

国際エネルギー機関の推計によると、ウクライナ紛争の長期化や新型コロナ感染症の収束もあってエネルギー価格は急上昇し、それを低く抑えるべく投入された二〇二二年の補助金総額は過去最高の一兆ドル（約百三十一兆円）に達した（IEA 2023）。二〇一七年時点の推計値を用いた調査によると、化石燃料補助金は再生エネルギー補助金より約二十倍も大きかったという*。

一方では気候変動対策に意欲を示しながらも、もう一方で化石燃料の消費を奨励しているのは、アクセルとブレーキを同時に踏むようなものである。化石燃料に依存する業界と人々の消費行動に本格的なメスを入れない限りは、本格的な気候変動の抑止は期待できない。

## 開かれた依存関係へ——私たちに何ができるか

では、依存史観を柱とした「争わない社会」の構想のために私たちに何ができるのか。三つの提案をしてみたい。

第一は、思考の幅を確保する問いを発し、言葉の的確な使い手となる市民を育てることである。第六章で見たように、「それ以外に方法がない」という言葉を介した価値の一元化は、「それ以外の方法」を考える想像力を遮断し、依存関係を閉じることで争いの温床をつくる。特に、指導者のダブル・スピークによる被害が生じないようにするには、他者の言葉に対する批判的な耳をもち、自身の用いる言葉の意味や影響にも自覚的でいられる人がもっと増えなくてはならない。

たとえば、ＳＤＧｓを考えてみよう。「持続可能性」という、反論のしにくい概念は、それゆえに私たちの思考の幅を削減する危険性も孕んでいる。開発をいかに持続可能なものにするかという問いの立て方は、「これまでの開発のどの部分が、なぜ持続的でなくなったのか」という問いを封印してしまう。

開発の未来を構想する基盤とすべきなのは、なぜ私たちの開発が問題を抱えてしまったのかと

＊ Fossil fuels given $3.1 trillion subsidies at 'staggering' twenty-times level of renewables 〈https://www.re-chargenews.com/transition/fossil-fuels-given-3-1-trillion-subsidies-at-staggering-twenty-times-level-of-renew-ables/2-1-868319〉、最終アクセス二〇二三年三月二十四日。

いう冷静な反省と分析である。それでも未来志向の発想が支配的になるのはなぜか。それは、過去の検証を進めていくと、開発が持続不可能になったことの責任をどこかの国に押し付けざるをえなくなり、事態が政治問題に発展してしまうからである。参加、主体性、民主主義、貧困削減、環境保護といった美しく響く未来志向の言葉で、理想の具現化を進めている気分を醸成する道が選ばれてしまうのは、このためである。聞こえのよい言葉が何を「見えなくしているのか」を問うような市民が、私の言う「言葉の的確な使い手」である。

第二は、依存史観を取り入れた世界史を描き出していくことである。誰かが何かに依存していても、本人が依存を自覚しているとは限らない。依存の自覚は、依存関係の自発的選択に大きくかかわるため、その自覚を促す教育には意味がある。もちろん、依存の自覚が直ちに「争わない社会」につながるとは限らない。依存のうまみをできるだけ長く維持し、搾取を恒常化させようとする人々もいるはずだからだ。だとしてもなお、依存関係に注目して社会の出来事を読み解くことのできる人が増えること、また、そもそも「問題」を起さないよう努める人が増えることの効果は決して小さくない。

自国中心の世界を描きつつ、他者との違いに力点をおくのが従来の世界史の基調であった（羽田二〇一一）。他者を自分たちとは異なる存在として想定する対外関係史では、紛争や摩擦といった時代を画するドラマチックな出来事が大きく描かれる一方で、他国に助けられた歴史、他国を犠牲にしてきた関係史を軸に歴史が描かれることは少ない。* たとえば一九二三年に東京を襲った関東大震災を世界史的な観点から取り上げる研究が増えているとはいえ、そこで注目されるのはもっぱら朝鮮人や中国人を対象にした虐殺に関するものである。米国や英国、特に中国が日本に多大な援助を供与した事実に言及する研究はほとんどない（Biao 2013）。

歴史教育が「国民の育成」という観点から自国中心の内容になってしまう傾向は仕方がない面もある。だが、自国中心であっても、たとえば国境をまたいだ民衆の交流史を重視すれば必然的に他地域との依存関係が視野に入り、従来の国家中心の歴史観を相対化できるようになる。

そもそも国家を超えた単位、たとえば「地球」に帰属意識をもたせるような教育は可能なのか。実際、地球環境史に力点を置く歴史の再編は、私たちをその方向に導きつつあるが、これにはまだ時間がかかる。むしろ、ごく普通の日本人が帰属意識を体感できる中間集団のレベルで「地球」を感じる機会を育むのが現実的であろう。たとえば日本に暮らす外国人コミュニティとの積極的な交流は、そうした機会の一つになる。

イギリスの支配から独立したインドで初代首相を務めたネルーは、著書『父が子に語る世界歴史』において、世界の相互理解を進めるための歴史の学び方について次のように諭している。

わたしは、少年少女諸君がよく一国だけの歴史を学び、それもいくつかの日付や、わずかば

＊　その意味で、日本と中国の相互交流の歴史を中心に描いたエズラ・ヴォーゲルの『日中関係史』は依存史観を体現した意欲的な労作である（ヴォーゲル 二〇一九）。

かりの事件を、そらで暗誦《あんしょう》しながらやっているのをみて、たいへんつまらないことをするものだと思う。歴史というものは、まとまりのあるひとつの全体なのだから、もしおまえがよそで起こったできごとを知らないならば、おまえはどこの国の歴史をも理解することはできないだろう。わたしは、おまえが一国か、二国かに局限するような、せまくるしい歴史の学び方をせずに、世界じゅうのことを研究するようにねがう。いろいろな民族のあいだには、われわれが想像しているほどの大きなちがいはないものだ、ということを、いつもこころにとどめておきなさい。

（ネルー 二〇一六、二一一頁）

人類の共通項を自覚させる歴史教育は、民族の誇りや文明の違いを強調しがちであったこれまでの世界史教育とは対極的である。人間が「他人を自分を支えるものと考えることで、社会を構成して来た」歴史を、今こそ直視すべきである（なだいなだ 一九七四、二一〇―二一一頁）。

第三は、コモンズの増強を通じた依存関係の分散である。近代化は、権力（国家化）であれ、富（資本化）であれ、人口（都市化）であれ、それまで散らばっていたものを、合理性の観点から一つに集めようとする求心力をもっていた。そして、このようにして集められた資源を発展の遠心力によって諸個人に分配していくこと（発展の遠心力）が近代化の重要な理念になった。だが、末端で遠心力を受けとめる諸個人は決して平等ではなかった。教育や健康面での条件の違いから、発展の波に乗れる人と、波に呑まれる人が生じてしまうのである。

そうした中で個人の権利や自由を強調すると、格差がかえって温存され、国家権力による支配に対して人々が脆弱になる可能性がある。そこで、本書では個人と国家の中間領域を依存関係の焦点として強化することを提案した。国家や市場が現在のように大きな力をもつ以前の長い時代、地域社会や親族関係などの中間的な組織は人々の生活を支える基盤になっていた。それを現代のグローバル化した社会に合わせた中間集団として再構築するのである。

たとえば、生活に欠かせない電力を自律分散的に地域コミュニティで供給するという発想は、地域に根差したコモンズを増強するための具体例である。私的に消費される電力の供給源は究極的には化石燃料を含む自然環境からもたらされる。ここに争いの要素が入ってくるのは、電力需要の大きい大都市の論理で制度がつくられてしまうことで、地方は補助金に依存したエネルギー供給のシステムに組み込まれるからである。自分たちのエネルギーを選ぶことができない地域は生き残ることだけを目的にした「衰退の取引」を先進地域との間で行うよう強いられる（ジェイコブズ二〇一二）。

コミュニティ電力以外にも様々なコモン・スペースの活用、シェアリングのシステムは、まだ実験的であるとはいえ徐々に一般化しつつある。こうした社会の資源を共用化する傾向は、依存関係を開くという側面だけでなく、若者たちの私的所有への欲望の低下と、その背景にある実質賃金の低迷という経済問題とも表裏一体である。動機や効果はともあれ、人間が相互に関与を増すことは、個々人のコミュニティの一員としての感覚を養うことにつながる。いざというときに頼りになるこうした諸集団に自らの選択で帰属できた人こそ、自立した人というべきであろう。

争いの究極形態である対外戦争も、閉じた依存関係がその発生にかかわっているのだとすれば、国内の依存関係は国際的にも重要になる。本書では特に中間集団という小さなまとまりを複数化し、依存先として選べるようにする可能性を論じてみた。地域社会であれ学校であれ、特定の中間集団に加入できなかったからといって他の中間集団に加わる可能性までもが閉ざされることがあってはならない。中間集団の層を厚くし、必要に応じて国家に近づいたり離れたりする自由な関係を育むのである。*

争わない社会の柱は、争いの火に油を注がせない中間集団である。人間が生きるためには何らかの依存先が必要である。だが、個別の依存先に目を奪われると、「依存のネットワーク」という俯瞰的《ふかんてき》な視点がなくなってしまう。本書では、依存から抜け出すことではなく、依存先となる様々な中間集団を前提とした依存関係を開いていく可能性を論じた。

もっとも、先述のように中間集団には過激な思想をもつものや、かえって差別や争いを助長するような集団もないわけではない。たとえば米国のライフル協会は経済的にも政治的にも最大のロビー団体と言われているが、そうした団体が争わない社会に貢献するとは考えにくい。また、学校や企業といった個別集団内部の争いをあらかじめ予防することは難しい。** それでも、依存できる先が複数あれば、当該集団から逃げ出したときの受け皿ができるはずである。

## 依存関係のその先へ

本書が主題としたのは、競争や争いによって成り立っていると思われているこの社会の依存関係であり、それをより開かれた依存関係に組み替えていく可能性であった。個人／共同体、伝統／近代、計画／市場といった二項対立に基づく問題把握・解決法は、対立や緊張を前提にした構図になっている。この隘路《あいろ》を克服するためには、対立する二つの項の間に位置するはずの、中間集団の可能性を押し広げる必要がある。

争いは分けることから生まれる。近代以降の社会は、全体や統合よりも、分けて、分析するという方向性に力を入れてきた。一方、依存関係への着目と依存史観の提唱は、あえて「分けない」可能性を社会で実践してみようという提案に他ならない。誰かが誰かを頼っている、誰かが誰かを搾取している、という状況を私たちは感得する力をもっている。それは、知識の量や分析力とはあまり関係がない。

これに関連して、アジア初のノーベル文学賞（一九一三年）を受賞したインドの詩人ラビンダ

＊　第三章（対外援助）との関連でいえば、相手国政府を対象に援助するのではなく、相手国の中間集団に直接援助できるような仕組みをつくりたい。世界では、政府が必ずしも人民を代表していない国が多いからである。

＊＊　自衛隊内部での度重なるハラスメント案件の報道は閉じた社会における自浄の難しさを指示している。

ナ・タゴール（一八六一─一九四一）が残した言葉は、近代社会を支配してきた二元論を超えていく洞察に満ちている。

それはタゴールが一九一六年の来日時に慶應義塾で行った講演「The Spirit of Japan（日本の精神）」での言葉である。彼は、過去に血なまぐさい戦いと外国による侵略を強いられたインドの歴史を振り返り、外国による統治が嫉妬や貪欲《どんよく》をあおることはあっても、「決して人々の魂の深い部分に触れることはなかった」と指摘した。その上で、日本では欧米列強の模倣が技術や制度にとどまらず、魂の領域にまで及びつつあると見て次のように述べた。

私の目から見れば、日本は日本を形作った今日の歴史の入り口に、科学の世界から拝借してきた「適者生存」という言葉を座右の銘として掲げている。この言葉の意味するところは「汝自らを助けよ。そして、他者の犠牲は気にするな」である。……しかし、目がきちんと見える人であれば、人間というものは互いに密接につながっており、誰かを打ちのめせば、その一撃が自分に返ってくると知っている。道徳律は、人類が見出した最も偉大な発見であった。そこで見出されたのは、他人の中に自己を実現すればするほど、その人はそれだけ誠の人間に近づいていくという素晴らしい真実である。

（Tagore 2019: 17、引用者訳）

タゴールが来日したのは、日本が清とロシアを相次いで打ち負かし、朝鮮を併合するなど対外的に勢力を強めていた時代であった。講演内容は富国強兵の道をまっしぐらに進んでいた日本に対する忠告であり、欧米列強との競争に邁進《まいしん》するのではない「別の道」を示唆するものであった。

私はタゴールのいう「他人の中に自己を実現する」という、それまでの二項対立を乗り越える考え方、当時の日本の指導者らが聞く耳をもたなかったこの発想に賭けてみたい。日本には、古くから「お陰様」という発想がある。これは、まさしく他人と自分とを一体的に考え、自分の立場や仕事の中に見えない他人（＝陰）の貢献を認める考え方である。相手の中に自分を実現する、というのは、他人の中に自分を育てるということであり、同時に、自分の中にすでに入り込んでいる相手を発見するという双方向性をもつ。

争いの根底にある「分ける」という発想を超越しようとしたタゴールは、違いを強調し、互いに競い合ってきた近代社会に重い問いを投げかける。そして、人類の発展が、互いに依存し助け合うことで成り立ってきたという当たり前の事実に私たちの目を向けさせてくれる。

どのような歴史観に立とうとも、過去を振り返れば、その中に見出される不正義をどう補償するか、立場や利害の違いをどう克服するかなど、今につながる争いの原因は多く埋め込まれている。だが、争わない社会を望まない人はいない。依存史観に立てば、それまで見えていなかった争点も露わになるが、将来の争いの芽を摘み、今起こりつつある争いを収めるための妥協点も増える。争う相手との共通点を発見する扉が開かれるからである。

争いを収める工夫は、着眼するベクトルが支配の求心力であれ、発展の遠心力であれ、「もっと力を、もっと富を」といった最大化の論理に抗う。それは、それぞれの両極端を単純に足して二で割るといった解決策でもない。「考えさせない」傾向をもつ支配や競争が争いに転じる前に歯止めをかけ、ほどよい「中」を模索する集合的な想像力である。この「中」のありかを共に想像することこそ、立場の分かれた人々を結び合わせる力になる。そして、その力を信じることができるのが人間ではないかと思う。

十九世紀末の欧米であれ、二十世紀初期の日本であれ、個人の自立が声高に叫ばれる中であっても、自立を支える依存関係に目を向けていた人はいた。問題は、そこに依存が「あるか、ないか」ではない。問われているのは、争いをもたらす依存関係に気づいて、それを見えるようにしていく思考力と、権力に対抗するための依存関係を深めて物申す行動力の有無である。争いは人と人を切り離す。争わない社会とは、他人に関わることをあきらめず、依存関係に希望を見出そうとする社会である。

# 引用・参考文献

アジア協会誌編集部　一九六〇「コロンボ計画とインドネシア国民――スカルノ大統領の演説」『アジア協会誌』七十七号、三〇―三六頁。
アジア経済懇談会　一九五四「アジア経済懇談会議事録」国立公文書館。
新井勝紘　二〇〇六「自由民権と結社」福田アジオ編『結衆・結社の日本史』山川出版社、一八九―二〇一頁。
アリストテレス　二〇一五『ニコマコス倫理学』（上）渡辺邦夫・立花幸司訳、光文社古典新訳文庫。
アーレント、ハンナ　二〇一七『全体主義の起原』第三巻（新版）大久保和郎・大島かおり訳、みすず書房。
アンウィン、ジョージ　一九八〇『ギルドの解体過程――16・17世紀の産業組織』樋口徹訳、岩波書店。
アンダーソン、ベネディクト　二〇〇七『定本　想像の共同体――ナショナリズムの起源と流行』白石隆・白石さや訳、書籍工房早山。
安藤実　一九九二「政府開発援助の財政問題」日本財政法学会編『政府開発援助問題の検討』学陽書房、二七―四四頁。
五十嵐武士　一九八四『アメリカの建国――その栄光と試練』東京大学出版会。
糸賀滋　一九八四「〝カンボジア問題〟の発生と現状」木村哲三郎編『インドシナ三国の国家建設の構図』アジア経済研究所。
乾照夫　一九七八「成島柳北における忠誠意識」福地重孝先生還暦記念論文集刊行委員会編『近代日本形成過程の研究』雄山閣出版、九七―一一八頁。

井上達夫　二〇〇一『現代の貧困』岩波書店。
井上ひさし・樋口陽一　一九九四『「日本国憲法」を読み直す』講談社。
井上洋市朗　二〇二一『早期離職白書　二〇二二』株式会社カイラボ。
今田高俊　二〇一七「個人化のもとで共同体はいかにして可能か」『学術の動向』第二十二巻九号、三六―四一頁。
今西錦司　一九七七『人類の進化と未来』第三文明社。
――　一九九三『今西錦司全集　第十二巻』（増補版）講談社。
イリイチ、イヴァン　一九九〇『シャドウ・ワーク――生活のあり方を問う』玉野井芳郎・栗原彬訳、岩波書店。
ヴェイユ、シモーヌ　二〇一〇『根をもつこと』（上）冨原眞弓訳、岩波文庫。
ヴォーゲル、エズラ　二〇一九『日中関係史――1500年の交流から読むアジアの未来』益尾知佐子訳、日本経済新聞出版。
鵜浦裕　一九九三「近代日本における進化論の受容と井上円了」『井上円了センター年報』二号、二五―四八頁。
梅棹忠夫　一九七四『文明の生態史観』中公文庫。
――　二〇〇二『文明の生態史観ほか』中公クラシックス。
浦野起央編　二〇〇五「カンボジア共産党中央委員会書記ポル・ポトの党創立十七年記念集会演説」『資料体系アジア・アフリカ国際関係政治社会史　第二巻　アジア』パピルス出版、一〇七四―一〇七八頁。
浦野起央編　二〇〇〇「フィリピン大統領フェルナンド・E・マルコスの戒厳令布告声明」『資料体系アジア・アフリカ国際関係政治社会史　第二巻　アジア』パピルス出版、二四四四―二四八八頁。
エンゲルス、フリードリヒ　一九六五［一八八四］『家族・私有財産・国家の起源――ルイス・H・モーガンの研究に関連して』戸原四郎訳、岩波文庫。

小熊英二　一九九八　『〈日本人〉の境界――沖縄・アイヌ・台湾・朝鮮 植民地支配から復帰運動まで』新曜社。
オーウェル、ジョージ　二〇〇九［一九四九］『一九八四年』（新訳版）高橋和久訳、早川epi文庫。
大野拓司・寺田勇文編　二〇〇九「マルコス政治――開発独裁体制の功罪」『現代フィリピンを知るための61章』（第二版）一七三―一七八頁、明石書店。
大橋正明・利根川佳子　二〇二一『NPO・NGOの世界』放送大学教育振興会。
岡倉登志　一九九〇『「野蛮」の発見――西欧近代のみたアフリカ』講談社現代新書。
岡野鑑記　一九五八『日本賠償論』東洋経済新報社。
小滝敏之　二〇一一『米国自治史論　I――建国前アメリカ地方自治の歴史と伝統』公人社。
恩田守雄　二〇〇六『互助社会論――ユイ、モヤイ、モツダイの民俗社会学』世界思想社。
海外建設協会編　一九七〇『海外建設協会25年史　資料編』海外建設協会。
戒能通孝　一九六四『小繫事件――三代にわたる入会権紛争』岩波新書。
カーソン、レイチェル　二〇〇一［一九六二］『沈黙の春』青樹簗一訳、新潮社。
ガルトゥング、ヨハン　一九九一「暴力・平和・平和研究」『構造的暴力と平和』高柳先男・塩屋保・酒井由美子訳、中央大学出版部、一―六六頁。
ガルブレイス、ジョン・K　二〇〇六『ゆたかな社会』（決定版）鈴木哲太郎訳、岩波現代文庫。
柿崎一郎　二〇〇七『物語　タイの歴史――微笑みの国の真実』中公新書。
加藤周一　一九七四『雑種文化――日本の小さな希望』講談社文庫。
加藤淳平　一九八〇「日本の開発援助――その軌跡と理念」『国際政治』六十四号、四〇―六〇頁。
加藤雅信　二〇〇一『「所有権」の誕生』三省堂。
カプリオ、マーク　二〇一九『植民地朝鮮における日本の同化政策――1910～1945年』福井昌子訳、クオン。
川島武宜　二〇〇五「評価と批評」ルース・ベネディクト『菊と刀——日本文化の型』長谷川松治訳、講談社学術文庫、三八九—四一四頁。
川田順造　二〇〇七『文化人類学とわたし』青土社。
上林茂暢・山内常男　二〇一八『診療科目の歴史と医療技術の進歩——医療の細分化による専門医の誕生、総合医・一般医の役割』日本医療企画。
木下武男　二〇二一『労働組合とは何か』岩波新書。
クセノス、ニコラス　一九九五『稀少性と欲望の近代——豊かさのパラドックス』北村和夫・北村三子訳、新曜社。
久保文明、砂田一郎、松岡泰、森脇俊雅　二〇〇六『アメリカ政治』（第三版）有斐閣。
倉沢愛子　二〇一一『戦後日本＝インドネシア関係史』草思社。
——　二〇二〇『インドネシア大虐殺——二つのクーデターと史上最大級の惨劇』中公新書。
楜澤能生　二〇〇四「地域中間団体による自然資源の維持管理」牛山積・首藤重幸・大塚直・須網隆夫・楜澤能生『環境と法』成文社、一三九—一七六頁。
グレーバー、デヴィッド　二〇二〇『ブルシット・ジョブ』酒井隆史ほか訳、岩波書店。
クロポトキン、ピョートル　一九九六［一九〇二］『相互扶助論』大杉栄訳、同時代社。
小泉順子　二〇二〇『絶対王政の構築』飯島明子・小泉順子編『世界歴史大系　タイ史』山川出版社、二四八—二九九頁。
厚生労働省「平均余命の年次推移」〈https://www.mhlw.go.jp/toukei/saikin/hw/life/life10/sankou02.html〉。

国際協力事業団編　一九九九『国際協力事業団25年史――人造り国造り心のふれあい』国際協力事業団。
国分一太郎　一九五五『生活綴方ノート』新評論社。
ゴードン、アンドルー　二〇一二『日本労使関係史――1853―2010』二村一夫訳、岩波書店。
ゴダール、クリントン　二〇二〇『ダーウィン、仏教、神――近代日本の進化論と宗教』碧海寿広訳、人文書院。
小林英夫　一九八三『戦後日本資本主義と「東アジア経済圏」』御茶の水書房。
堺屋太一　一九九三『組織の盛衰――何が企業の運命を決めるのか』PHP研究所。
作田啓一　一九八一『個人主義の運命――近代小説と社会学』岩波新書。
佐藤寛　一九九五「援助に伴うスポイルとジェラシー」『国際開発研究』第四巻、九―一六頁。
佐藤仁　二〇〇二『開発協力のつくられ方――自立と依存の生態史』東京大学出版会。
――　二〇一九『反転する環境国家――「持続可能性」の罠をこえて』名古屋大学出版会。
――　二〇一七『教えてみた「米国トップ校」』角川新書。
――　二〇〇二『稀少資源のポリティクス――タイ農村にみる開発と環境のはざま』東京大学出版会。
サーリンズ、マーシャル　二〇一二『石器時代の経済学』山内昶訳、法政大学出版局。
ジェイコブズ、ジェイン　二〇一二『発展する地域　衰退する地域――地域が自立するための経済学』中村達也訳、ちくま学芸文庫。
シェリング、トーマス　二〇〇八『紛争の戦略――ゲーム理論のエッセンス』河野勝監訳、勁草書房。
篠崎五六　一九六六「小繫事件判決と小繫農民」『世界』六月号（二百四十七号）、一二七―一三四頁。
柴田茂紀　一九九九「日本の援助受入政策とその時代背景――占領期から一九五〇年代における日米間援助を中心として」『社会科学』六十一号、七七―一〇九頁。
斯波義信　一九九五『華僑』岩波新書。

島田啓三　一九七六『冒険ダン吉』講談社。

下村恭民　二〇二〇『日本型開発協力の形成――政策史1』東京大学出版会。

じゃかるた新聞　二〇一三「歴史教科書、虐殺記述せず　スハルト時代から踏襲」二〇一三年九月三十日〈https://www.jakartashimbun.com/free/detail/13626.html〉。

ショイルマン、エーリッヒ　二〇〇九『パパラギ――はじめて文明を見た南海の酋長ツイアビの演説集』岡崎照男訳、SB文庫。

ショート、フィリップ　二〇〇八『ポル・ポト――ある悪夢の歴史』山形浩生訳、白水社。

白石隆　一九九七『スカルノとスハルト――偉大なるインドネシアをめざして』岩波書店。

末廣昭　一九九二「東南アジア経済論――思想の輸出から工業製品の輸出へ」東京大学社会科学研究所編『現代日本社会　三　国際比較（二）』東京大学出版会、二七三―三二四頁。

スコット、ジェームズ・C　二〇一三『ゾミア――脱国家の世界史』佐藤仁監訳、みすず書房。

スマイルズ、サミュエル　一九八一［一八七一］『西国立志編』中村正直訳、講談社学術文庫。

鷲見一夫　一九八九『ODA援助の現実』岩波新書。

スミス、アダム　二〇一三［一七九〇］『道徳感情論』高哲男訳、講談社学術文庫。

世界銀行　一九九四『東アジアの奇跡――経済成長と政府の役割』東洋経済新報社。

セン、アマルティア　二〇一一『アイデンティティと暴力』大門毅監訳、勁草書房。

――　二〇一七『貧困と飢饉』黒崎卓・山崎幸治訳、岩波現代文庫。

外山文子、日下渉、伊賀司、見市建編　二〇一八『21世紀東南アジアの強権政治――「ストロングマン」時代の到来』明石書店。

ダーウィン、チャールズ　一九九〇『種の起原』（上・下）八杉龍一訳、岩波文庫。

――――　二〇一六　『人間の由来』（上）長谷川眞理子訳、講談社学術文庫。
竹山道雄　一九五九　『ビルマの竪琴』新潮文庫。
田島知之　二〇一七　「人はなぜ他者に与えるのか――霊長類研究からのアプローチ」『ER』第四巻、三〇―三三頁。
橘木俊詔　二〇一七　『家計の経済学』岩波書店。
田中友香理　二〇一九　『〈優勝劣敗〉と明治国家――加藤弘之の社会進化論』ぺりかん社。
丹野勲　二〇一八　「第二次大戦終結後の日本の東南アジアへのGHQ占領下の輸出、戦後賠償、海外投資――一九四五年の敗戦から一九六〇年代前半までの日本企業の東南アジア進出の歴史と戦略」『国際経営論集』五十六号、一―三三頁。
塚田孝編　二〇〇〇　『職人・親方・仲間』吉川弘文館。
辻田啓志　一九七八　『水争い――河川は誰のものか』講談社現代新書。
辻中豊・森裕城編　二〇一〇　『現代社会集団の政治機能――利益団体と市民社会』木鐸社。
津田守・横山正樹編　一九九二　『日本・フィリピン政治経済関係資料集――マルコス文書、アキノ証言集および関連文書選』明石書店。
鶴見和子　一九九五　「『山びこ学校』は歴史を創る」無着成恭編『山びこ学校』岩波文庫、三五七―三六七頁。
鶴見俊輔・関川夏央　二〇一一　『日本人は何を捨ててきたのか』筑摩書房。
鶴見俊輔　一九四六　「言葉のお守り的使用法について」『思想の科学』創刊号、一五―二五頁。
寺本民生　二〇二〇　「新専門医制度の現状と展望」『脈管学』第六十巻九号、一五一―一五四頁。
デュムシェル、ポール＆デュピュイ、ジャン＝ピエール　一九九〇　『物の地獄――ルネ・ジラールと経済の論理』織田年和・富永茂樹訳、法政大学出版局。
デュルケム、エミール　一九七四　『社会学講義――習俗と法の物理学』宮島喬・川喜多喬訳、みすず書房。

――― 一九八九『社会分業論』（上・下）井伊玄太郎訳、講談社学術文庫。
テンニエス 一九五七『ゲマインシャフトとゲゼルシャフト』（上・下）杉之原寿一訳、岩波文庫。
土居健郎 一九七一『甘えの構造』弘文堂。
トクヴィル 二〇〇五『アメリカのデモクラシー 第一巻（上）』松本礼二訳、岩波文庫。
ドーア、ロナルド 二〇一四『幻滅――外国人社会学者が見た戦後日本70年』藤原書店。
富樫裕 一九九七「日本における進化論の受容史（Ⅱ）――明治後半期」『群馬大学教育学部紀要 自然科学編』第四十五巻、一〇三―一二二頁。
内閣府 NPOホームページ〈https://www.npo-homepage.go.jp/toukei〉。
中岡哲郎 一九七一『工場の哲学』平凡社選書。
なだいなだ 一九七四『権威と権力――いうことをきかせる原理・きく原理』岩波新書。
ナジタ、テツオ 二〇一五『相互扶助の経済――無尽講・報徳の民衆思想史』五十嵐暁郎監訳、みすず書房。
夏目漱石 一九八六『漱石文明論集』岩波文庫。
成田龍一 二〇〇七『大正デモクラシー』岩波新書。
西川潤 二〇〇〇『人間のための経済学――開発と貧困を考える』岩波書店。
日本工営株式会社編 一九八一『日本工営三五年史』日本工営。
ネグリ、アントニオ＆ハート、マイケル 二〇〇五『マルチチュード――〈帝国〉時代の戦争と民主主義』NHKブックス。
ネルー、ジャワーハルラール 二〇一六『父が子に語る世界歴史 1 文明の誕生と起伏』大山聰訳、みすず書房。
賠償問題研究会編 一九六三『日本の賠償』世界ジャーナル社。

パイル、ケネス・B　二〇一三『欧化と国粋――明治新世代と日本のかたち』松本三之介監訳、講談社学術文庫。
パスカル　二〇一五［一六七〇］『パンセ』（上）塩川徹也訳、岩波文庫。
早坂啓造　二〇一五「小繋事件文庫――20世紀日本、岩手県における多数の入会裁判事件から大量比較分析に向かって」『アルテス　リベラレス』第九十六巻、一六五―一七七頁。
林祐一　一九五九「日本の賠償実施の現状と若干の考察」『アジア協会誌』一九五九年十一月号、一〇―一八頁。
バーリン、アイザイア　一九九七『ハリネズミと狐――『戦争と平和』の歴史哲学』河合秀和訳、岩波文庫。
羽田正　二〇一一『新しい世界史へ――地球市民のための構想』岩波新書。
ピケティ、トマ　二〇一四『21世紀の資本』山形浩生ほか訳、みすず書房。
平野健一郎　二〇〇〇『国際文化論』東京大学出版会。
ピンカー、スティーブン　二〇一五『暴力の人類史』（上・下）幾島幸子・塩原通緒訳、青土社。
福田アジオ編　二〇〇六『結衆・結社の日本史』山川出版社。
藤永茂　二〇二一『ロバート・オッペンハイマー――愚者としての科学者』ちくま学芸文庫。
藤原辰史　二〇一八『給食の歴史』岩波新書。
米国国防省　一九六八「開発組織とプログラム」第五巻（原著 *Development Organizations and Programs.* Counterinsurgency Organizations and Programs in Northeast Thailand Vol. 5, Research Analysis Corporation for the Join Thai-US Military Research and Development Center by Office of the Secretary of Defense, Advanced Research Projects Agency.
ベヴィンス、ヴィンセント　二〇二二『ジャカルタ・メソッド――反共産主義十字軍と世界をつくりかえた虐殺作戦』竹田円訳、河出書房新社。
ベネディクト、ルース　二〇〇五［一九四六］『菊と刀――日本文化の型』長谷川松治訳、講談社学術文庫。

ベック、ウルリヒ　一九九八『危険社会――新しい近代への道』東廉・伊藤美登里訳、法政大学出版局。

ボエシ、エティエンヌ・ド・ラ　二〇一三『自発的隷従論』山上浩嗣訳、ちくま学芸文庫。

ボーム、クリストファー　二〇一四『モラルの起源――道徳、良心、利他行動はどのように進化したのか』斉藤隆央訳、白揚社。

細田満和子　二〇一二『「チーム医療」とは何か――患者・利用者本位のアプローチに向けて』（第二版）日本看護協会出版会。

『北方の農民』復刻版刊行委員会　一九九九『北方の農民（第1号〜第13号）復刻版――小繋事件＝入会権をめぐる山村農民の闘いの記録』『北方の農民』復刻版刊行委員会。

ホプソン、ネイスン　二〇二〇「栄養指導車（キッチンカー）――アメリカ農産物と戦後日本の食生活変遷」『超域的日本文化研究』十一号、三〇―四五頁。

ポランニー、カール　二〇〇三『経済の文明史』玉野井芳郎、平野健一郎編訳、ちくま学芸文庫。

――　二〇〇九『新訳　大転換』野口建彦・栖原学訳、東洋経済新報社。

本多勝一編　一九八〇『虐殺と報道』すずさわ書店。

牧原憲夫　二〇〇八『文明国をめざして――幕末から明治時代前期』小学館。

マクルーハン、マーシャル＆パワーズ、ブルース・R　二〇〇三『グローバル・ヴィレッジ――21世紀の生とメディアの転換』浅見克彦訳、青弓社。

マクルーハン、マーシャル＆マクルーハン、エリック　二〇〇二『メディアの法則』中澤豊訳、高山宏監修、NTT出版。

マッキンタイア、アラスデア　二〇一八『依存的な理性的動物――ヒトにはなぜ徳が必要か』高島和哉訳、法政大学出版局。

松本三之介　二〇一七　『「利己」と他者のはざまで』以文社。
マルクス、カール　二〇〇五　『資本論』第一巻（下）今村仁司・三島憲一訳、筑摩書房。
――二〇〇八　『ドイツ・イデオロギー（抄）、哲学の貧困、コミュニスト宣言』今村仁司ほか訳、筑摩書房。
マルサス、ロバート　一九六二［一七九八］『初版　人口の原理』高野岩三郎・大内兵衛訳、岩波文庫。
丸山眞男　一九九五［一九五二］「「現実」主義の陥穽――或る編輯者へ」『丸山眞男集　第五巻』、一九三―二〇九頁。
――一九九六［一九六八］「個人析出のさまざまなパターン――近代日本をケースとして」松沢弘陽訳、『丸山眞男集　第九巻』岩波書店、三七七―四二四頁。
三宅雪嶺　一九二〇　「優勝劣敗と相互扶助」『中央公論』四月号（三十五号）、一〇三―一〇七頁。
宮崎市定　一九八七　『アジア史概説』中公文庫。
――一九九五　『中国文明論集』岩波文庫。
宮崎学　二〇〇五　『法と掟と』洋泉社。
宮島喬編　二〇〇三　『岩波小辞典　社会学』岩波書店。
宮本常一　一九八四　『忘れられた日本人』岩波文庫。
無着成恭編　一九九五　『山びこ学校』岩波文庫。
村上陽一郎　一九六四　「生物進化論に対する日本の反応――明治期のアウトライン」『紀要比較文化研究』第五輯、一四五―一八三頁。
――一九八〇　『日本人と近代科学』新曜社。
モース、エドワード　二〇一三　『日本その日その日』石川欣一訳、講談社学術文庫。

モース、マルセル　二〇一四『贈与論』森山工訳、ちくま学芸文庫。
森岡清美・塩原勉・本間康平編　一九九三『新社会学辞典』有斐閣。
森戸辰男　一九七二『思想の遍歴（上）クロポトキン事件前後』春秋社。
モンテスキュー　二〇一六『法の精神』井上堯裕訳、中公クラシックス。
山内進　二〇〇五「暴力とその規制——西洋文明」山内進・加藤博・新田一郎編『暴力——比較文明史的考察』東京大学出版会、九一四九頁。
横浜市立大学医学部附属病院の医療事故に関する事故対策委員会　一九九九「横浜市立大学医学部附属病院の医療事故に関する中間とりまとめ」〈https://www.yokohama-cu.ac.jp/kaikaku/BK3/bk3.html〉。
与謝野晶子　一九八五［一九一九］「階級闘争の彼方へ」『与謝野晶子評論集』岩波文庫、一九二—二〇〇頁。
吉川洋子　一九九一『日比賠償外交交渉の研究——1949—1956』勁草書房。
吉田修　二〇一〇「インドの対中関係と国境問題」『境界研究』一号、五七—七〇頁。
リード、アンソニー　二〇二一『世界史の中の東南アジア——歴史を変える交差路』（上・下）太田淳・長田紀之監訳、名古屋大学出版会。
臨時教育審議会　一九八七「教育改革に対する第四次答申」〈https://www.niye.go.jp/youth/book/files/items/1538/File/yojitooshin.pdf〉。
レヴィ＝ストロース、クロード　二〇一九［一九五二］「人種と歴史」『人種と歴史／人種と文化』渡辺公三ほか訳、みすず書房。
渡辺尚志　二〇二二『百姓たちの水資源戦争——江戸時代の水争いを追う』草思社文庫。
渡辺浩　二〇二一「競争と文明——日本の場合」『明治革命・性・文明——政治思想史の冒険』東京大学出版会、四八三—五二六頁。

渡辺正雄　一九七六『日本人と近代科学』岩波新書。
渡辺洋三　一九九九［一九六三］「小つなぎと私と」『北方の農民――小繋事件＝入会権をめぐる山村農民の闘いの記録』「北方の農民」復刻版刊行委員会、こつなぎの会、三五三―三五七頁。

Ahmad, Y. et al. 2022. "Six decades of ODA: Insights and outlook in the Covid-19 crisis," *Development Co-operation Profiles*, OECD iLibrary. [https://www.oecd-ilibrary.org/sites/5e331623-en/index.html?itemId=/content/component/5e331623-en] Accessed on February 18. 2023

Akerlof, G. and Shiller, R. 2015. *Phishing for Phools: The Economics of Manipulation and Deception*. Princeton University Press.

Akerlof, G. 1970. "The Market for 'Lemons': Quality Uncertainty and the Market Mechanism." *Quarterly Journal of Economics*, Vol. 84, Issue 3, pp. 488–500.

Alesina, A. and Dollar, D. 2000. "Who Gives Foreign Aid to Whom and Why?" *Journal of Economic Growth* Vol. 5, pp. 33–63.

Amnesty International. 1976. *Report of an AI Mission the Republic of the Philippines 1975*. Amnesty International.

Anderson, M. 1999. *Do No Harm: How aid can support peace-or war*. Lynne Rienner.

Attwood, D. 1988. "Social and Political Pre-condition for Successful Co-operatives: The Co-operatives: The Co-operative Sugar Factories of Western India." in Attwood D.W. and Baviskar B.S., eds. *Who Shares? Cooperatives and Rural Development*. Oxford University Press, pp. 69–90.

Bates, R. 2009. *Prosperity and Violence: The Political Economy of Development*. W W Norton & Co Inc.

Becker, E. 1986. *When the War Was Over: The Voices of Cambodia's Revolution and Its People.* Simon and Schuster.

Bevins, V. 2017. "What the United States Did in Indonesia." *The Atlantic*, October 21. [https://www.theatlantic.com/international/archive/2017/10/the-indonesia-documents-and-the-us-agenda/543534/] (Accessed on November 30, 2022)

Biao, Y. 2013. "Chinese Reactions to Disasters in Japan: From the Great Kanto Earthquake to the Great East Japan Earthquake" in Yau Shuk-ting, K. eds. *Natural Disaster and Reconstruction in Asian Economies.* Palgrave Macmillan. [https://doi.org/10.1057/9781137364166_5]

Blakemore, E. 2019. "WWII's atomic bomb program was so secretive that even many of the participants were in the dark." *Washington Post*, November 2.

Bourdreau, V. 2004. *Resisting Dictatorship: Repression and Protest in Southeast Asia.* Cambridge University Press.

Chandler, D. 1992. *Brother Number One: A Political Biography of Pol Pot.* Westview Press.

Chindawongse, S. 1991 "Pol Pot's Strategy of Survival." *The Fletcher Forum of World Affairs*, Vol. 15, No. 1, pp. 127–145.

Chomsky, N. 1999. *Profit Over People: Neoliberalism and Global Order.* Seven Stories Press.

Claeys, G. 2000. "The 'Survival of the Fittest' and the Origins of Social Darwinism." *Journal of the History of Ideas*, Vol. 61, No. 2 pp. 223–240.

Coyle, D. 1859. *On The Origins of Species.* American Home Library Company.

DAC (Development Assistance Committee) "The DAC mandate." [https://www.oecd.org/dac/

thedevelopmentassistancecommitteesmandate.htm].
Darwin, C. 1996[1859]. *The Origin of Species*. Oxford University Press. （ダーウィン『種の起原』八杉龍一訳、岩波文庫）
Dos Santos, T. 1970. "The Structure of Dependence." *The American Economic Review*, Vol. 60, No. 2, pp. 231–236.
Dreyfus, H. and Rabinow, P. 1982. *Michel Foucault: Beyond Structuralism and Hermeneutics*. Second edition. University of Chicago Press.
Durkheim, E. 1957. *Professional Ethics and Civic Morals*. Routledge & Kegan Paul.
EJAtlas 2022. *EJAtlas: Global Atlas of Environmental Justice*. [https://ejatlas.org/]（Accessed on March 25, 2022）
Elson, R. E. 2013. *Suharto: A Political Biography*. Cambridge University Press.
Emerson, W. R. 1909 [1841]. "Self-reliance." in *The Works of Ralph Waldo Emerson*, Vol. 2. Boston.
Ferguson, J. 2015. *Give a Man a Fish: Reflections on the New Politics of Distribution*. Duke University Press.
Filipino Express. 2011. "Giraffes on Calauit Island a Marcos legacy." *Filipino Express*, Vol. 25, Issue 47, p. 16.
Foster, G. 1965. *Traditional Society and Impact of Technological Change*. Harper & Row.
Frank, G. 1966. "The Development of Underdevelopment." *Monthly Review*, Vol. 18, No. 4, pp. 17–31.
Fraser, N. and Gordon, L. 1996. "A Genealogy of Dependency: Tracing a Keyword of the U.S. Welfare State." *Signs*, Vol. 21, No. 2 (Winter, 1996), pp. 515–530.
Fukuyama, F. 1995. *Trust: The Social Virtues and the Creation of Prosperity*. Free Press.
Fuller, A., and Unwin, L. 2017. "Job Crafting and Identity in Low-Grade Work: How Hospital Porters Redefine

the Value of their Work and Expertise." *Vocations and Learning*, Vol. 10, No. 3, pp. 307–324.
Galbraith, J. K. 1958. *The Affluent Society*. The Riverside Press. （ガルブレイス『ゆたかな社会』鈴木哲太郎訳、岩波現代文庫）
Global Witness 2019. *Enemies of the State? How government and business silence land and environmental defenders*. London.
Guriev, S. and Treisman, D. 2022. *Spin Dictators: The Changing Face of Tyranny in the 21st Century*. Princeton University Press.
Harari, Y. N. 2019. *21 Lessons for the 21st Century*. Vintage Books.
Hardin, G. 1968. "The Tragedy of the Commons." *Science*, Vol. 162, Issue 3859, pp. 1243–1248.
Harvey, D. 2007. "Neoliberalism as Creative Destruction." *The Annals of the American Academy of Political and Social Science*, Vol. 610 (Mar.), pp. 22–44.
Hawes, G. 1987. *The Philippine State and the Marcos Regime: The Politics of Export*. Cornell University Press.
Herman, E. and Chomsky, N. 2002. *Manufacturing Consent: The Political Economy of the Mass Media*. Pantheon.
Hirschman, A. O. 1970. *Exit, Voice, Loyalty*. Harvard University Press. （A・O・ハーシュマン『離脱・発言・忠誠――企業・組織・国家における衰退への反応』矢野修一訳、二〇〇五年、ミネルヴァ書房）。
Holdcroft, L. 1984. "The Rise and Fall of Community Development: A Critical Assessment." *Agricultural development in the Third World*. The Johns Hopkins University Press, pp. 46–58.
Huber, M. 2022. *Climate Change as Class War*. Verso.
Hunt, L. 2013. "End of 30-Year Hunt for Marcos Billions?" *The Diplomat, Asian Beat Section* (January 8).

IEA. 2023. Fossil Fuel Consumption Subsidies 2022. [https://www.iea.org/reports/fossil-fuels-consumption-subsidies-2022] (Accessed on March 24, 2023)

Ikehata, S and Yu-Jose, Lydia, eds. 2003. *Philippines-Japan Relations*. Ateneo De Manila University Press.

IMF. 2022. Climate Change: Fossil Fuel Subsidies. [https://www.imf.org/en/Topics/climate-change/energy-subsidies] (Accessed on March 23, 2023)

Jacoby, R. 2020. *On Diversity: The Eclipse of the Individual in a Global Era*. Seven Stories Press.

Jenkins, D. 2021. *Young Soeharto: The Making of a Soldier, 1921–1945*. ISEAS-Yusof Ishak Institute.

Kiernan, B. 2004 [1985] *How Pol Pot Came to Power: Colonialism, Nationalism, and Communism in Cambodia, 1930–1975*. Second edition. Yale University Press.

Kilby, P. ed. 1971. *Entrepreneurship and Economic Development*. The Free Press.

Kenrick, D. T., Griskevicius, V., Neuberg, S. L., and Schaller, M. 2010. "Renovating the Pyramid of Needs: Contemporary Extensions Built Upon Ancient Foundations." *Perspectives on psychological science: a journal of the Association for Psychological Science*, Vol. 5, Issue 3, pp. 292–314. [https://www.10.1177/1745691610369469]

Kornhauser, W. 1960. *The Politics of Mass Society*. Routledge and Kegan Paul.（ウィリアム・コーンハウザー『大衆社会の政治』辻村明訳、一九八〇年、東京創元社）

Kropotkin, P. 1975. *The Essential Kropotkin*. Capouya, E. and Tompkins, K. eds. Liveright.

Kurz, H. 2015. "Adam Smith on markets, competition and violations of natural liberty." *Cambridge Journal of Economics* [https://doi.org/10.1093/cje/bev011].

Kwok, W. 2021. "The Political Organization of Genocide: Central Orders and Regional Implementation under the Khmer Rouge." in Zucker, M. and Kiernan. B. 2021. *Political Violence in Southeast Asia Since 1945: Case Studies from Six Countries*. Routledge. pp, 80–100.

Lancaster, C. 2006. *Foreign aid: Diplomacy, Development, Domestic Politics*. University of Chicago Press.

Landes, D. 1986. "What Do Bosses Really Do?" *The Journal of Economic History*, Vol. 46, Issue 3, pp. 585–623.

Lutz, W. 2016. *Doublespeak: From "Revenue Enhancement" to "Terminal Living": How Government, Business, Advertisers, and Other Use Language to Deceive You*. Ig Pub.

Marglin, S. 1976. "What Do Bosses Do? The Origins and Functions of Hierarchy in Capitalist Production." in Gorz, A. ed. *The Division of Labour: The Labour Process and Class-Struggle in Modern Capitalism*. The Harvester Press, pp. 13–54.

Maslow, A. 1970 [1943]. "A theory of human motivation." *Psychological Review*. Vol. 50, Issue 4, pp. 370–396.

——— 1970. *Motivation and Personality*. Second edition. Harper & Row.

McArther, J, and K. Rasmussen. 2017. *Change of Pace: Acceleration and Advances during the Millenium Development Goal era*. The Brookings Institution.

McCoy, A. 2021. "Performative violence and Philippine populism." in Zucker, M. and Kiernan. B. eds. *Political Violence in Southeast Asia Since 1945: Case Studies from Six Countries*. Routledge, pp. 59–79.

Mellor, W. 2013. "World's strangest safari: Serengeti on South China Sea." *Filipino Reporter*, Vol. 42, Issue, pp. 29-38.

Mertha, A. 2014. *Brothers in Arms: Chinese aid to the Khmer Rouge 1975–1979*. Cornell University Press.

Mitchell, T. 2011. *Carbon Democracy: Political Power in the Age of Oil*. Verso.

Molle, F. and Srijantr, T. eds. 2003. *Thailand's Rice Bowl Perspectives on Agricultural and Social Change in the*

*Chao Phraya Delta*. White Lotus Press.

Morgenthau, H. 2006 [1948]. *Politics among Nations*. seventh edition. McGraw-Hill Higher Education.（ハンス・モーゲンソー『国際政治――権力と平和』〔第五版〕現代平和研究会訳、一九八六年、福村出版）

Morse, E. 2012 [1917]. *Japan, Day by Day*. Houghton Mifflin Harcourt.（モース『日本その日その日』石川欣一訳、講談社学術文庫）。

Mousseau, D. Y. 2021. "Does foreign Development aid trigger Ethnic War in Developing States?" *Armed Forces & Society*, Vol. 47, Issue 4, pp. 750–769.

O'Brian, A. 2010. "Stuck in the Middle: Maintaining the Organizational Legitimacy of the Regional Environmental Center." *Voluntas: International Journal of Voluntary and Non-Profit Organizations*, pp. 339.

Olson, M. 1965. *The Logic of Collective Action: Public Goods and the Theory of Groups*. Harvard University Press.（マンサー・オルソン『集合行為論――公共財と集団理論』依田博・森脇俊雅訳、一九九六年、ミネルヴァ書房）

Ostrom, E. 1990. *Governing the Commons: The Evolution of Institutions for Collective Action*. Cambridge University Press.（エリノア・オストロム『コモンズのガバナンス――人びとの協働と制度の進化』原田禎夫・齋藤暖生・嶋田大作訳、二〇二二年、晃洋書房）

Owen, T. and Kiernan, B. 2006. "Bombs over Cambodia." Yale University Genocide Studies Program. [https://www.scribd.com/document/139413736/Walrus-CambodiaBombing-OCT06#]（Accessed on November 30, 2022）

Parry, I., Black, S. and Vernon, N. 2021. "Still Not Getting Energy Prices Right: A Global and Country Update of Fossil Fuel Subsidies," IMF Working Paper, No. 2021/236. International Monetary Fund.

Puangthong, P. 2021. *Infiltrating Society: The Thai Military's Internal Security Affairs*. IAEAS.

Rathgeber, E. M. 1990. "WID, WAD, GAD: Trends in research and practice." *The Journal of Developing Areas*, pp. 489–502.

Rivera, T. 2003. "The politics of Japanese ODA to the Philippines, 1971–1999." in Ikehata, S. and Yu Jose L. N., eds. *Philippines-Japan Relations*. Ateneo De Manila University Press, pp. 509–545.

Robinson, G. 2021. "A Time to Kill: The anti-communist violence in Indonesia, 1965–66," in Zucker, M. and Kiernan, B. 2021. *Political Violence in Southeast Asia Since 1945: Case Studies from Six Countries*. Routledge, pp. 21–40.

Robles, R. 2016. *Marcos Martial Law: Never Again*. Filipinos for a Better Philippines.

Rock, M. 2017. *Dictators, Democrats, and Development in Southeast Asia: Implications for the Rest*. Oxford University Press.

Roeder, O.G. 1969. *The Smiling General: President Soeharto of Indonesia*. Gunung Agung.

Roser, E and Ritchie, H 2013. "Life Expectancy," OurWorldInData.Org. (Online)

Rummel, R. J. 2017. *Death by Government: Genocide and Mass Murder Since 1900*. Routledge.

Sato, J. et al. 2011. "Emerging donors from a recipient perspective," *World Development*, Vol. 39, No. 12, pp. 2091–2104.

Scheidel, A. et al. 2020 "Environmental conflicts and defenders: A global overview." *Global Environmental Change*, Vol. 63, 102104, ISSN 0959-3780.

Schwartz, B. and Sharpe, K. 2010. *Practical Wisdom: The Right Way to Do the Right Thing*. Riverhead Books.

Scott, J. 1998. *Seeing Like a State: How certain schemes to improve the human conditions have failed*. Yale

University Press.

Sen, A. 1993. "On the Darwinian View of Progress." *Population and Development Review*, Vol. 19, No. 1, pp. 123–137.

——— 1999. *Development as Freedom*. Anchor. （アマルティア・セン『自由と経済開発』石塚雅彦訳、二〇〇二年、日本経済新聞社）

——— 2003. "Development as Capability Expansion." in Fukuda-Parr, S. et al. eds. *Readings in Human Development*. Oxford University Press, pp. 3–16.

Setiawan, H. 2020. *Buru Island: A Prison Memoir*. Monath University Publishing.

Silber, I. 1986. *Kampuchea: The Revolution Rescued*. Line of March Publications.

Siripudin, M. 1994. *The Effects and the Relations of Foreign aid: A Case Study of Indonesia and Its Two Largest Donors, United States and Japan*. St. Mary's University.

Smiles, S. 1872. *Self-Help; with illustrations of Character, Conduct, and Perseverance*. John Murray（スマイルズ『西国立志編』中村正直訳、講談社学術文庫）

Smith, A. 1976 [1776]. *An Inquiry into the Nature and Causes of the Wealth of Nations*. University of Chicago Press. （アダム・スミス『国富論』〔全四巻〕、水田洋監訳、杉山忠平訳、二〇〇〇年、岩波文庫）

Spencer, H. 1972 [1851]. *On Social Evolution: Selected Writings*. University of Chicago Press.

——— 2002 [1864]. *The Principles of Biology*. University Press of the Pacific.

Tagore, L. 2019 [1916]. *The Spirit of Japan*. Maven Books.

Tarbell, M. 1925. *The history of the Standard Oil Company*. Macmillan.

Temper, L. et al. 2015. "Mapping the frontiers and front lines of global environmental justice: the EJAtlas."

*Journal of Political Ecology*, Vol. 22, pp. 255–278.

West, S. et al. 2011. "Sixteen common misconceptions about the evolution of cooperation in humans." *Evolution and Human Behavior*, Vol. 2, pp. 231–262.

Wolf, E. 1982. *Europe and the People without History*. University of California Press.

World Inequality Lab. 2022. *World Inequality Report 2022*. [https://wir2022.wid.world/]

Young, O. 1967. *Intermediaries: Third Parties in International Crises*. Princeton University Press.

Zürcher, C. 2017. "What Do We (Not) Know About Development aid and Violence: A systematic Review." *World Development*, Vol. 98, pp. 506–522.

# あとがき

ある側面ではどれほど強く見える人も、別の側面では弱さを抱えているものである。互いの強さを生かし、弱さを補いあうことができるのが人間社会の特徴である。だが、近代以降の社会は「強みを生かす」ことには熱心であっても、「弱みを補う」という側面については、はなはだ立ち遅れてきたのではないかと思う。マイノリティや障害をもった人々への手当ての話ではない。強みと弱みはどのような個人の中にも同居していて、なおかつそれは時間と共に変化する。長い目で見れば、こうした強みと弱みの両面を包み込む依存のネットワークが張り巡らされた社会こそ、争いのエスカレートを抑え込むことができるというのが私の考えだ。

本書を書き終えて分かったのは、これまでの私の研究のすべてが「依存」の周りをぐるぐると、らせんを描くように展開してきたということだった。二〇〇二年に上梓した最初の著書『稀少資源のポリティクス』（東京大学出版会）は、タイの農村における村人の森林依存を考察したものだった。その後、私の関心は人々が依存の対象にしてきた資源の認識や争いに移った。最近のテーマである途上国への開発協力に関する研究も「依存先をつくる行為」として総括できる。その意味で、本書は過去の研究の延長線上にありながらも、その水源へとさかのぼる試みであった。

水源に向かえば、似たようなことを考えていた先人たちにたどりつく。本書がその先人たちの蓄積に何か新しいものを付け足すことができたかどうかは読者の判断に任せるよりほかない。しかし、「争わないためにどうするか」という重要な課題に対して、多様な分野を行き交う知の交差点に立っている感覚を味わうことができたのは収穫であった。

＊＊＊＊

本書の執筆過程でお世話になったのは、以下の方々である。通称「二冊目研」の仲間である川上桃子さん、遠藤環さん、伊藤亜聖さんは地域研究／経済学の観点から、初期の草稿にコメントをくださった。私の元ゼミ生が中心である出力検討会の華井和代さん、西舘崇さん、麻田玲さん、汪牧耘さん、松原直輝さんらは歯に衣着せぬ感想を毎度のようにぶつけてくれた。中でも全体にわたるコメントと文章にリズムを取り戻すためにしぶとく助言をくれた麻田、汪、松原の三名には感謝している。

二〇二二年度春学期の非常勤講師として教鞭をとった国際基督教大学の「開発における規範」の履修者の皆さんは、「この草稿の改善点を列挙せよ」という、教員側の全く身勝手な「最終課題」を我慢してこなし、有益なフィードバックをくれた。東京大学のゼミ生からも多くのインプットを得たが、ここでは全体にわたるコメントをくれた呉婧媛さんのお名前だけを挙げさせていただく。

本書で取り扱ったやや専門的な箇所については、和田一哉さん（経済学）、及川敬貴さん（環境法）、パッタジット・タンシンマンコンさん（東南アジア研究）、小山博史さんと根本英徳さん（医療実践）、石塚史暁さん（対外援助）、初鹿野直美さん（カンボジア地域研究）、堀田昌英さん（意思決定論）、山本尚意さん（農業）、中井幹晴さん（省庁人事）の皆さんにご教示をいただいた。言うまでもなく、残る誤謬は筆者の責任である。

また、本の構成については、藏本龍介さん、福永真弓さんにご助言をいただいた。馬場紀寿さんには、いつものように古今東西の文献を教えてもらっている。今回は丸山眞男を中心とする日本思想史にかかわる文献を紹介してくれて、まだ生煮えだった議論に繰り返し付き合ってくれた。他人の文章を読んで、感想を寄せてくれるだけでなく、時には代案まで示すという面倒な仕事を引き受けてくれる仲間に恵まれたことは、なんとも幸せなことであった。

文章のブラッシュアップでは、以前から頼りにしてきた室瀬皆実さん、ゼミ生の杉浦菜月さんのお二人に多大なる時間を使わせてしまった。室瀬さんの内容面での提案は、いつも私の原稿を一段上のレベルに持ち上げてくれ、杉浦さんの細部に至るロジックチェックは、曖昧になりがちな私の議論に精確さを与えてくれた。紺野奈央さんは、最初の一般読者として草稿と向き合い、文章の意図が伝わりにくい部分を指摘してくれた。研究室の秘書である井川摩耶さんは、面倒な参考文献のチェックと丁寧な確認作業をしてくれた。

次に図版である。ご厚意に感謝申し上げる。第五章で利用した小繋の写真については、撮影者の川島浩さんの助手をされていた清水啓二さんにご了解いただき、写真が保存されている東京農工大学の戸田浩人さんに撮影の便宜を図っていただいた。また日本の賠償案件第一号であるバルーチャン水力発電所の貴重な写真については古曳宣子さん、およびこの写真の存在を論文を介して教えてくれた原田信男さんに厚くお礼を申し上げる。各種の図版撮影は東京大学東洋文化研究所の野久保雅嗣さんのお手を煩わせた。

卒業生の中尾圭志さんには、前著『反転する環境国家』（名古屋大学出版会）のときと同じように概念図の作成作業につきあってもらった。旭硝子財団（二〇二〇年度サステイナブルな未来への研究助成）「天然資源の管理における中間集団の可能性と役割」からは財政面での支援を受けることができた。

独自の視点で有望な若手研究者の発掘をしてきた編集者の倉園哲さんが、決して若手ではない私をその広範囲に及ぶレーダーで検知してくれたのはありがたかった。いまや飲み友達となった倉園さんは、抽象論に走りがちな私を具体論に引き戻す力になってくれた。キャリアの後半にこんなに熱い編集者に巡り合えた幸運に感謝している。

本書の草稿を読み、貴重な提案をしてくれた一人に、職場の同僚パッタジットさんがいる。彼女は泰英中日の四カ国語を使いこなす卓越した研究者であり、無意識のうちに強者の側に立ってしまう私のバイアスに気づかせてくれた人でもある。彼女は、本書の草稿チェックに思った以上の時間がかかった理由を、私の文章の拙さではなく、本書のテーマが著者である私の「コンフォートゾーン（＝安心して扱えるテーマ）の外に踏み出しているからでは？」とねぎらってくれた。

思えば私のこれまでの本で自分の「コンフォートゾーン」に収まっていると言い切れるものはなかった。いつも「これでよいのだろうか」と秘かに不安を抱きながら書いてきた。たしかに今回の本では、いつもより思い切って新たな領域に踏み出した感が強い。

だが、それゆえの恵みもあった。自分の依存関係を開き、より多くの人から学ぶことができたからである。扱う分野も時代も勝手気ままに飛び回る私に半ばあきれ顔を見せながらも大事なところで「原点に戻れ」と叱咤してくれたのは、これらの友人たちである。本は一人で書くもの／書けるものと思っていた駆け出しの頃が、今となっては懐かしい。依存万歳。

人は「自分が他人にしてあげたことならよく憶えてもいるものだが、他人からしてもらったことは憶えていない」（アリストテレス）。そうならないために、お世話になった方々の名前をここで声に出して読み上げ、心に刻みたい。

二〇二三年三月

佐藤 仁

**佐藤 仁**（さとう・じん）
1968年、東京生まれ。東京大学東洋文化研究所教授。都立青山高校卒業、東京大学教養学部卒業、ハーバード大学ケネディ行政学大学院修士課程修了、東京大学大学院総合文化研究科博士課程修了（学術博士）。同大学院新領域創成科学研究科准教授、プリンストン大学客員教授などを歴任。日本学士院学術奨励賞など受賞。現在、国際開発学会会長。著書に『野蛮から生存の開発論』（ミネルヴァ書房。国際開発研究大来賞）、『教えてみた「米国トップ校」』（角川新書）、『反転する環境国家』（名古屋大学出版会）、『開発協力のつくられ方』（東京大学出版会）など。監訳書にJ. スコット『ゾミア――脱国家の世界史』（みすず書房）、共訳書にアマルティア・セン『不平等の再検討』（岩波書店）など。

**NHK** *BOOKS* 1279

# 争わない社会
「開かれた依存関係」をつくる

2023年5月25日　第1刷発行

著　者　佐藤 仁

発行者　土井成紀
発行所　NHK出版
東京都渋谷区宇田川町10-3　郵便番号150-0042
電話 0570-009-321（問い合わせ）　0570-000-321（注文）
ホームページ　https://www.nhk-book.co.jp
装幀者　水戸部 功
印　刷　三秀舎・近代美術
製　本　三森製本所

Printed in Japan　ISBN978-4-14-091279-9 C1330

NHK BOOKS

## ＊社会

嗤う日本の「ナショナリズム」　北田暁大
社会学入門―〈多元化する時代〉をどう捉えるか―　稲葉振一郎
ウェブ社会の思想―〈遍在する私〉をどう生きるか―　鈴木謙介
新版 データで読む家族問題　湯沢雍彦／宮本みち子
現代日本の転機―「自由」と「安定」のジレンマ―　高原基彰
希望論―2010年代の文化と社会―　宇野常寛・濱野智史
団地の空間政治学　原 武史
図説 日本のメディア［新版］―伝統メディアはネットでどう変わるか―　藤竹 暁／竹下俊郎
ウェブ社会のゆくえ―〈多孔化〉した現実のなかで―　鈴木謙介
情報社会の情念―クリエイティブの条件を問う―　黒瀬陽平
未来をつくる権利―社会問題を読み解く6つの講義―　荻上チキ
新東京風景論―箱化する都市、衰退する街―　三浦 展
日本人の行動パターン　ルース・ベネディクト
「就活」と日本社会―平等幻想を超えて―　常見陽平
現代日本人の意識構造［第九版］　NHK放送文化研究所 編

## ＊政治・法律

国家論―日本社会をどう強化するか―　佐藤 優
マルチチュード―〈帝国〉時代の戦争と民主主義―（上）（下）　アントニオ・ネグリ／マイケル・ハート
コモンウェルス―〈帝国〉を超える革命論―（上）（下）　アントニオ・ネグリ／マイケル・ハート
ポピュリズムを考える―民主主義への再入門―　吉田 徹
中東 新秩序の形成―「アラブの春」を超えて―　山内昌之
「デモ」とは何か―変貌する直接民主主義―　五野井郁夫
権力移行―何が政治を安定させるのか―　牧原 出
国家緊急権　橋爪大三郎
自民党政治の変容　中北浩爾
未承認国家と覇権なき世界　廣瀬陽子
安全保障を問いなおす―「九条―安保体制」を越えて―　添谷芳秀
アメリカ大統領制の現在―権限の弱さをどう乗り越えるか―　待鳥聡史
日本とフランス「官僚国家」の戦後史　大嶽秀夫
ミャンマー「民主化」を問い直す―ポピュリズムを越えて―　山口健介
帝国日本と不戦条約―外交官が見た国際法の限界と希望―　柳原正治

※在庫品切れの際はご容赦下さい。

# NHK BOOKS

## ＊宗教・哲学・思想

仏像［完全版］―心とかたち―　望月信成／佐和隆研／梅原　猛
原始仏教―その思想と生活―　中村　元
がんばれ仏教！―お寺ルネサンスの時代―　上田紀行
目覚めよ仏教！―ダライ・ラマとの対話―　上田紀行
現象学入門　竹田青嗣
哲学とは何か　竹田青嗣
東京から考える―格差・郊外・ナショナリズム―　東　浩紀／北田暁大
ジンメル・つながりの哲学　菅野　仁
科学哲学の冒険―サイエンスの目的と方法をさぐる―　戸田山和久
集中講義！日本の現代思想―ポストモダンとは何だったのか―　仲正昌樹
哲学ディベート―〈倫理〉を〈論理〉する―　高橋昌一郎
カント 信じるための哲学―「わたし」から「世界」を考える―　石川輝吉
道元の思想―大乗仏教の真髄を読み解く―　頼住光子
詩歌と戦争―白秋と民衆、総力戦への「道」―　中野敏男
ほんとうの構造主義―言語・権力・主体―　出口　顯
「自由」はいかに可能か―社会構想のための哲学―　苫野一徳
弥勒の来た道　立川武蔵
イスラームの深層―「遍在する神」とは何か―　鎌田　繁
マルクス思想の核心―21世紀の社会理論のために―　鈴木　直
カント哲学の核心―『プロレゴーメナ』から読み解く―　御子柴善之
戦後「社会科学」の思想―丸山眞男から新保守主義まで―　森　政稔
はじめてのウィトゲンシュタイン　古田徹也
〈普遍性〉をつくる哲学―「幸福」と「自由」をいかに守るか―　岩内章太郎
ハイデガー『存在と時間』を解き明かす　池田　喬
公共哲学入門―自由と複数性のある社会のために―　齋藤純一／谷澤正嗣

※在庫品切れの際はご容赦下さい。

# NHK BOOKS

## *自然科学

アニマル・セラピーとは何か　横山章光
免疫・「自己」と「非自己」の科学　多田富雄
生態系を蘇らせる　鷲谷いづみ
快楽の脳科学―「いい気持ち」はどこから生まれるか―　廣中直行
確率的発想法―数学を日常に活かす―　小島寛之
算数の発想―人間関係から宇宙の謎まで―　小島寛之
新版　日本人になった祖先たち―DNAが解明する多元的構造―　篠田謙一
交流する身体―〈ケア〉を捉えなおす―　西村ユミ
内臓感覚―脳と腸の不思議な関係―　福土　審
暴力はどこからきたか―人間性の起源を探る―　山極寿一
細胞の意思―〈自発性の源〉を見つめる―　団　まりな
寿命論―細胞から「生命」を考える―　高木由臣
太陽の科学―磁場から宇宙の謎に迫る―　柴田一成
進化思考の世界―ヒトは森羅万象をどう体系化するか―　三中信宏
イカの心を探る―知の世界に生きる海の霊長類―　池田　譲
生元素とは何か―宇宙誕生から生物進化への137億年―　道端　齊
有性生殖論―「性」と「死」はなぜ生まれたのか―　高木由臣
自然・人類・文明　F・A・ハイエク／今西錦司
新版　稲作以前　佐々木高明
納豆の起源　横山　智
医学の近代史―苦闘の道のりをたどる―　森岡恭彦
生物の「安定」と「不安定」―生命のダイナミクスを探る―　浅島　誠
魚食の人類史―出アフリカから日本列島へ―　島　泰三
フクシマ　土壌汚染の10年―放射性セシウムはどこへ行ったのか―　中西友子

## *経済

考える技術としての統計学―生活・ビジネス・投資に生かす―　飯田泰之
生きるための経済学―〈選択の自由〉からの脱却―　安冨　歩
資本主義はどこへ向かうのか―内部化する市場と自由投資主義―　西部　忠
雇用再生―持続可能な働き方を考える―　清家　篤
希望の日本農業論　大泉一貫
資本主義はいかに衰退するのか―ミーゼス、ハイエク、そしてシュンペーター―　根井雅弘

※在庫品切れの際はご容赦下さい。

# NHK BOOKS

## ＊歴史（I）



※在庫品切れの際はご容赦下さい。